Monseigneur de BEAUSÉJOUR

ÉVÊQUE DE CARCASSONNE

de l'Académie des Sciences, Belles-Lettres et Arts

de Besançon

LES

CLERMONT - TONNERRE

COMTOIS

A VAUVILLERS,

A LUXEUIL,

A HAMONVILLE

· BESANÇON

IMPRIMERIE JACQUES & DEMONTROND

1929

LES
CLERMONT - TONNERRE COMTOIS
A VAUVILLERS, A LUXEUIL, A HAMONVILLE

Monseigneur de BEAUSÉJOUR

ÉVÊQUE DE CARCASSONNE

de l'Académie des Sciences, Belles-Lettres et Arts
de Besançon

LES

CLERMONT - TONNERRE

COMTOIS

A VAUVILLERS,

A LUXEUIL,

A HAMONVILLE

BESANÇON

IMPRIMERIE JACQUES & DEMONTROND

1929

AVANT-PROPOS

Le livre que nous présentons au lecteur aurait dû être écrit depuis longtemps : les éléments qui en font la trame avaient été recueillis par nous, dès notre pastorat de Luxeuil, de 1876 à 1887. Si leur mise en œuvre a été retardée jusqu'à ce jour, ç'a été le fait des circonstances et des travaux qui nous ont été imposés par nos charges successives de curé, de vicaire général et d'évêque.

Maintenant que, grâce à la présence, auprès de nous, d'un aimable et zélé coadjuteur, nous avons retrouvé la possibilité de nous livrer à quelque travail personnel, nous sommes heureux de pouvoir publier ces notes d'autrefois auxquelles nous avons ajouté le fruit de nos travaux d'aujourd'hui.

Nous les déposons, comme un filial hommage de gratitude aux pieds de Celui de qui procède toute faveur et qui nous a permis, malgré notre grand âge, de les mettre au point. Et nous les offrons à notre chère Franche-Comté, comme l'expression et le gage de la profonde affection que nous avons pour elle et spécialement pour les lieux que nous y avons habités.

Novembre 1928.

† PAUL,
Évêque de Carcassonne

Armes des Clermont-Tonnerre

PREMIÈRE PARTIE

LES CLERMONT-TONNERRE

à

VAUVILLERS

LES CLERMONT-TONNERRE COMTOIS
à Vauvillers, à Luxeuil, à Hamonville

PREMIÈRE PARTIE

LES CLERMONT-TONNERRE
à
VAUVILLERS

I

Les Seigneurs de Vauvillers antérieurs aux Clermont

Au cours des siècles derniers, dans la partie septentrionale de la Franche-Comté, aux marches de Lorraine, s'étendait, en un cercle d'environ six lieues de
diamètre, une terre seigneuriale ayant pour centre et
pour chef-lieu le bourg de Vauvillers, alors appelé
Vauvillars et plus habituellement, dans le langage du
pays, Vauvelâ.

Ce bourg se distinguait des villages qui l'environnaient
et par le nombre ou la qualité de ses habitants, ayant
une population relativement nombreuse, avec même
quelques familles de condition choisie (1); et par l'importance et l'assidue fréquentation de ses foires et de ses
marchés, qui, dès le XVIᵉ siècle, étaient réglementés
avec soin, et qui donnaient à la bourgade une certaine
notoriété locale (2) ; enfin, même au point de vue

(1) 140 ménages en 1614 ; 300 en 1829 ; 354 en 1854 (Suchaux, *Dict.
des Communes de la Haute-Saône*, 2 vol. in-8º, Vesoul, 1866).

(2) V. arrêt du Parlement de Dole relatif au libre exercice des marchés
de Vauvillers, daté du 28 janvier 1591. — Arch. dép. du Doubs E. 1139.

matériel, par sa situation topographique, étant placé sur un coteau qui domine tout le pays.

Les villages ou hameaux, au nombre de 12 ou 14, qui composaient cette seigneurie, se répartissaient en deux parties à peu près égales. Les uns, au midi de la rivière du Côney, et se rapprochant de leur chef-lieu, semblaient se rattacher davantage au Comté de Bourgogne. Les autres, au nord du Côney ou situés sur le dernier contrefort des Vosges, se rappelaient davantage de la Lorraine.

Les paroisses plutôt comtoises étaient celles de Pont-du-Bois, avec son annexe le Peudaquet ; celle d'Alaincourt ; celle de Demangevelle avec son annexe la Basse-Vaivre ; et celle de Montdoré. Les paroisses plutôt lorraines ou vosgiennes étaient : celle de Harsaut, avec ses annexes, le Grand-Rupt, Haut-Mougey, Charmois, la Neuve-Verrerie et la Haye ; celle de Gruey, avec ses annexes Surance, Quinqu'engrogne et le Hatrey ; celle d'Ambiévillers avec son annexe le Morillon.

Les annalistes comtois ont peu écrit sur cette seigneurie : soit parce qu'elle ne leur a pas paru offrir d'événement dont le souvenir fût digne d'être conservé, soit parce qu'elle n'aurait pas laissé de témoins de son histoire, ses archives ayant été détruites dans les diverses invasions ou révolutions qui l'ont affligée ; soit enfin parce qu'une bonne partie de cette terre, sinon la totalité, a été parfois regardée comme lorraine. Cependant, parmi nos auteurs imprimés, lesquels vont depuis Gollut dans ses *Mémoires historiques de la République séquanaise* (1), jusqu'à Louis Suchaux, dans son *Dictionnaire des communes de la Haute-Saône* (2), nous avons glané quelques indications relatives à notre sujet. Mais nous avons surtout consulté les documents inédits, classés dans nos bibliothèques et archives

______

(1) 1 vol. in-fol. Dole, 1592.
(2) 2 vol. in-octavo Vesoul 1866.

publiques, spécialement dans celles de Paris, de Besançon, de Vesoul et de Vauvillers. Enfin, nous avons mis largement à contribution deux manuscrits trop courts à notre gré. Le premier, sans nom d'auteur, mais écrit au XVIIIe siècle, vraisemblablement par un bénédictin de Luxeuil, est un *mémoire* sur cette abbaye, contenant, en appendice, quelques pages sur Vauvillers. Il est conservé à la bibliothèque parisienne de l'Arsenal (1). Le second, intitulé *Notice sur Vauvillers*, signé du sieur N. Mottet, bourgeois de Vauvillers, et daté de 1774, se trouve aux archives départementales de la Haute-Saône (2).

A ces divers renseignements imprimés ou manuscrits, nous devons ajouter les précieuses indications que nous a fournies une aimable correspondante de Vauvillers, qui a bien voulu nous transmettre les traditions qu'elle avait recueillies des habitants du lieu et la série des recherches qu'elle n'a pas craint de pratiquer elle-même dans les archives municipales de sa résidence.

Vauvillers constituait, autrefois, une importante baronnie possédée par des seigneurs que Gollut fait descendre de Henri et Gérard de Vienne, comtes de Mâcon, qui vivaient vers 1220. A notre tour, à l'appui de cette

(1) Bibli. de l'Arsenal n° 3805. Ce manuscrit, d'après une note de dom Grappin, aurait été composé au XVIIIe siècle, par un bénédictin de Luxeuil et donné à M. de Boynes, intendant de la province quand ce dernier vint dans cette ville, avec le marquis de Paulmy, à la suite des fouilles qui avaient été faites aux thermes luxoviens, le 25 juillet 1755, et qui avaient mis à jour la fameuse pierre portant mention des réparations des bains par Labienus, sur l'ordre de César. Quoique ce manuscrit n'ait ni date ni nom d'auteur, il est suffisamment authentiqué par ses caractères intrinsèques. Du reste, pour plus amples renseignements, voici la lettre qu'écrivait, il y a peu d'années, M. Henri Martin, administrateur de la bibliothèque de l'Arsenal, à M. Eugène Revillout (de Vauvillers), conservateur honoraire des musées nationaux : « Le manuscrit que possède la bibliothèque de l'Arsenal sur Vauvillers est du XVIIIe siècle. Il nous est venu du marquis de Paulmy notre fondateur, qui l'avait acquis de M. Bourgeois de Boynes, ministre de la marine sous Louis XV. Ce manuscrit est à l'Arsenal depuis janvier ou février 1784. »

(2) Arch. dép. de la Haute-Saône, B. 4080.

affirmation, nous invoquerons le témoignage du bénédictin de l'Arsenal qui mentionne un titre de 1303, dans lequel « Simon de Vauvillers *inféode lez dixmes de ce lieu* ».

Au xve siècle, la terre de Vauvillers, étant, au point
de vue politique, en état de surséance, et, comme telle,
soumise à la souveraineté de ses seigneurs locaux, se
trouvait aux mains de deux familles qui y vivaient
parallèlement et y exerçaient conjointement leur autorité. Nous croyons voir en l'une d'elles des attaches
plutôt comtoises ; et dans l'autre, des attaches plutôt
lorraines. On nous permettra de désigner chacune d'elles
par le nom qui rappelle cette qualification. Voici la
nomenclature de leurs seigneurs :

La coseigneurie comtoise

D'après Dunod, dans son
histoire du Comté de Bourgogne (1), suivi du reste par
le bénédictin de l'Arsenal,
la coseigneurie que nous appelons volontiers comtoise était
tenue dès le xve siècle par la
maison de Bauffremont. Elle
lui était venue successivement de Jean d'Ouge, qui la
possédait primitivement et la
céda à la maison de Pulligny
(maison lorraine), laquelle la
fit entrer dans la maison de
Bauffremont par le mariage
de Mahaut de Pulligny, dernière héritière de la famille,
avec Huard de Bauffremont.

En Franche-Comté, les sires
de Bauffremont n'ont pas
besoin d'être présentés, tant
ils sont connus (2). Nobles et

La coseigneurie lorraine

Dom Calmet, dans son his-
toire de Lorraine (3), et spécialement dans celle de la
maison du Chatelet (4), nous
apprend que la coseigneurie
que nous appelons lorraine
était, au xve siècle, entre les
mains de la famille du Cha-
telet.

L'illustre maison de ce nom
était une branche cadette de
la famille des ducs de Lorraine.
Elle était issue de Thierry,
dit d'Enfer à cause de son
courage, et avait sa résidence
habituelle au Castelet, châ-
teau-fort que l'un de ses membres avait bâti en Lorraine,
non loin du comté de Bourgogne (5).

1. Le premier de cette mai-

(1) 2 vol. in-4° Dijon 1737, 2° vol., page 513.
(2) Armes de la maison de Bauffremont: *vairé et contrevairé de gueules et d'or.*
(3) 7 vol. in-fol., Nancy, 1745-1757.
(4) 1 vol. in-fol., Nancy, 1741.
(5) Armes de la maison du Chatelet : *d'or à la bande de gueules chargée
de trois fleurs de lys d'argent.*

Armes des Bauffremont

Armes des du Châtelet

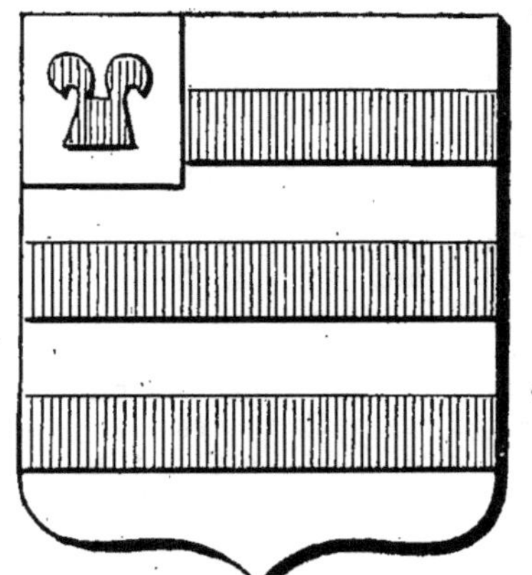

Armes des Livron

Armes des Vienne

Armes des seigneurs de Vauvillers antérieurs aux Clermont

riches seigneurs, dont la devise est : Dieu ayde aux premiers barons chrétiens, et dont les possessions territoriales se poursuivaient, disait-on, sans interruption de Saint-Claude jusqu'à Langres

1. Ce fut la branche des Bauffremont-Sennecey qui régit la seigneurie comtoise de Vauvillers ; et Huart, fondateur de cette branche, qui y parut le premier. De sa femme, Mahaut de Pulligny, il eut un fils, Pierre, qui suit.

2. Pierre Ier de Bauffremont remplaça son père. Il épousa Anne de Faucogney et en eut quatre fils, dont Gauthier, qui suit.

3. Gauthier Ier de Bauffremont est signalé comme souverain de Vauvillers en 1362 et en 1396.

Jean Juvénal des Ursins, parlant de ses campagnes, l'appelle un vaillant chevalier bourguignon. Il avait épousé Alix de Rougemont, qui lui donna trois enfants, dont Gauthier, qui suit.

4. Gauthier II de Bauffremont servit le duc Jean contre les Liégeois et les Orléanais, conduisit pour ce prince une troupe de Bourguignons à Arras ; fut chef de l'armée des Bourguignons devant Paris et jura la paix du duc avec le Dauphin. On a, au nom d'un Gauthier, et aux armes des Bauffremont, une pièce que les numismates attribuent à ce seigneur ou à son père, ce qui autorise à croire que les Bauffremont, comme souverains de Vauvillers, ont battu monnaie. Le même sei-

son qui ait gouverné la dite seigneurie fut Philibert du Chatelet (1455). Il avait successivement épousé trois femmes. De la deuxième, Louise de Granson, il eut Nicolas Ier, qui suit.

2. Nicolas Ier du Chatelet, qu'on trouve aussi appelé Colard, épousa en 1489 Bonne de Cicon, dont il eut un fils : Erard, qui suit. Nicolas mourut en 1519.

3. Erard du Châtelet, fils du précédent, succéda à son père en 1519. Il avait épousé en 1512 Nicole de Lénoncourt. Celle-ci, une fois devenue dame de Vauvillers augmenta sensiblement l'importance de sa seigneurie. Elle acquit, le 4 juillet 1537, de Jean de Lugny, seigneur de Ruffey, d'Edme de Lugny, seigneur de Saint-Himier, et de demoiselle Anne de Lugny, tous enfants du noble sire Philibert de Lugny, en son vivant seigneur de Montroy, de nombreuses terres, ainsi que tous les revenus, redevances qui y étaient attachés et en plus encore la maison forte et ses dépendances et surtout la confirmation de la souveraineté qui, croyait-on, attribuait le droit de grâce, celui de suprême justice et celui de monnayage, le tout pour la somme de 17.700 francs. A retenir enfin que le contrat mentionne le fief comme mouvant de Mgr le prince d'Orange. On ne s'étonnera pas que, à la suite de l'amplification de sa terre et

gneur était à la bataille d'Anton en 1430 et mourut peu après. Il avait été marié trois fois, la première avec Anne de Furstemberg, la deuxième avec Pernette de Rougemont, la troisième avec Agnès de Cusance de Belvoir. Il eut de cette dernière Jean et Guillaume.

5. Ce fut Jean qui continua la série des seigneurs. Conseiller et chambellan du duc Philippe le Bon et du roi Louis XI, il est plus particulièrement connu sous le nom de sire de Soye. Il est nommé au testament de Guichard de Belvoir, son oncle, daté de 1449. Il rendit foi et hommage à l'archevêque de Besançon pour une portion de seigneurie à Etrabonne en 1435. Après la mort du duc de Bourgogne Charles le Grand il passa, suivant Philippe de Commines, au service de Louis XI, avec plusieurs autres seigneurs bourguignons. Il mourut peu de temps après. Il n'avait eu, de son mariage avec Claudine, fille de Jean de Toulongeon, baron de Sennecey, maréchal de Bourgogne, qu'un fils nommé Pierre, qui suit.

6. Pierre de Bauffremont, IIᵉ du nom, chevalier, sire de Vauvillers et de Soye, baron de Sennecey, seigneur de Fedry, Châtenois, Nans, Courchaton, etc., hérita de la baronnie de Sennecey par la mort de Jean de Toulongeon, son aïeul, environ l'an 1487. Il signa, en 1496, au traité de mariage de Ferdinand de Neufchâtel avec Claudine de Vergy

de la confirmation de sa souveraineté, la nouvelle dame se soit plue à exercer certains droits régaliens, comme celui d'accorder grâce à quelques condamnés, ainsi que le relate dom Grappin dans son almanach de 1785. Elle mourut à Vauvillers, le 7 novembre 1555, suivant l'épitaphe que l'on voyait autrefois dans l'église de ce lieu, où elle avait fait une fondation, où elle fut inhumée et représentée en figure de ronde-bosse.

4. Nicolas II du Châtelet succède à son père Erard. Il épouse à Vesoul, en 1543, Elisabeth de Haraucourt. Il est désigné comme gentilhomme de la chambre du roi, commandant de cent hommes d'armes de ses ordonnances. En 1549 et 1556 il fait battre monnaie à l'empreinte de la croix autour de laquelle on lit : *Per te venit nostra salus.* Il combattit vaillamment à la bataille de Dreux, contre les huguenots, et y périt d'une mort glorieuse le 19 décembre 1562. Etant mort sans héritier, il fut le dernier de sa branche. Son corps fut transporté à Vauvillers et inhumé en l'église du lieu, proche le grand autel. On voyait autrefois sa tombe avec son épitaphe ; et sur la dalle était placée sa statue équestre. Ce mausolée a été brisé au cours du XVIIIᵉ siècle, mais le sieur Poisson, demeurant alors à Vauvillers, en avait réuni quelques morceaux que l'on voyait encore en 1778, soit

et mourut le 16 mai de l'an 1505, suivant le factum de la terre de Sennecey. Il avait épousé, en premières noces, Anne de Bauffremont, dame de Bourbonne, Longepierre, et nièce du fameux comte de Charni. Il en eut quatre filles dont Françoise, mariée avant l'an 1480 à Bernard (ou plutôt Bertrand) de Livron, seigneur de Rivière, à qui elle porta la terre de Bourbonne et une partie de celle de Vauvillers. D'un deuxième mariage avec Catherine de Danmartin, il eut Pierre III, qui suit.

7. Pierre III de Bauffremont est bien indiqué à cette place dans Dunod, mais l'historien ne lui accorde plus le titre de sire de Vauvillers, il le nomme seulement baron de Sennecey, seigneur de Soye, Châtenois, Hauterive, Courchaton, et le fait mourir peu avant l'an 1525, date à laquelle ses enfants, dit le même auteur, étaient en curatelle, suivant les recueils de Palliot. Nous croyons que l'on peut maintenir ou effacer ce Pierre III sur la liste des sires de Vauvillers, pourvu qu'on veuille bien remarquer que, selon le bénédictin de l'Arsenal, ce Pierre de Bauffremont, avant de mourir, en 1524, avait vendu sa portion de seigneurie à Claude de Ray, qui la cède en 1537 à Erard de Livron, qui la possédait encore en 1562 et même en 1586.

dans la maison Seguin, soit au jardin du presbytère (1). Par son testament, qu'il avait libellé et signé « en sa maison-forte de Vauvillers le 15 décembre 1560 », il fait plusieurs legs pieux, tant aux églises qu'aux curés et vicaires de toutes les paroisses qui dépendent de lui. Et surtout il stipule que, s'il meurt sans enfants, il désigne pour héritiers ses neveux Nicolas de Vienne et Nicolas de Livron, fils aînés de ses deux sœurs Clara du Chatelet, qui avait épousé Claude de Vienne, et Bonne du Chatelet, qui avait épousé François de Livron, seigneur de Bourbonne.

En 1562, les du Chatelet s'étant éteints par la mort de Nicolas II, la coseigneurie, en vertu du testament de ce dernier, passa à Nicolas de Vienne, neveu du précédent. C'est sans doute ce Nicolas que dom Grappin veut désigner quand il dit, dans son almanach de 1785, que Nicolas du Chatelet vivait encore en 1586. Dans les conditions de parenté où ce Nicolas de Vienne se trouve avec les du Chatelet, une substitution de nom n'a rien que de vraisemblable.

A Nicolas de Vienne succéda son fils Marc de Vienne, qui mourut le 14 mars 1598, et dont le cœur est conservé dans un petit mausolée qui

---

(1) Il n'en reste aujourd'hui que le souvenir.

En 1612, cette coseigneurie était aux mains de Mme de Bassompierre, douairière de M. de Livron, qui la cède à François de Livron, abbé de la Challade, lequel, craignant les incursions ennemies et agissant d'accord avec son coseigneur René de Vienne, céda, le 2 mai 1613, sa souveraineté à Sa Majesté Catholique Philippe III, roi d'Espagne et comte de Bourgogne.

se voit encore à l'église de Vauvillers (1).

Enfin vint René de Vienne, qui, craignant les incursions ennemies et agissant d'accord avec son coseigneur François de Livron, céda, le 2 mai 1613, sa souveraineté à Sa Majesté Catholique Philippe III, roi d'Espagne et comte de Bourgogne.

Ici, nous devons nous arrêter un instant pour résoudre quelques questions qui se posent d'elles-mêmes :

Et d'abord, comment cette dualité de familles seigneuriales s'était-elle établie? Nous ne saurions le dire au juste, mais nous croyons volontiers qu'elle s'est établie d'elle-même ou du moins que, si concédée, elle l'a été en conformité des aspirations et des souhaits de deux populations, qui, bien que mêlées, demeuraient foncièrement différentes et souhaitaient d'être gouvernées par des seigneurs qui fussent respectivement sympathiques à leur tempérament moral. Elles différaient, en effet, par la condition des lieux qu'elles habitaient. En la partie comtoise, terrain calcaire, climat doux, produc-

(1) Cette pierre commémorative, de 0,40 de haut et de 0,32 de large, de forme élégante et en bon état de conservation, porte, à sa base, une moulure saillante qui lui sert de socle, à son pourtour un fin liseré qui en fait le cadre et à son centre les deux écussons des Vienne et des Géresme, lesquels sont accostés, à gauche, des écus des Raguier, des d'Anglure et des Dinteville ; et, à droite de ceux des du Chatelet, des la Guiche, et des Lénoncourt, lesquels, tous, accusent les huit quartiers du défunt. Sur la tranche droite de la pierre on lit l'inscription suivante : « Cy gist le cœur de haut et puissant seigneur messire de Vienne, seigneur de Vauvillers, Demangevelle en partie, Clervans, Château-Vieux, où il est mort et inhumé le .... 1398. » Ce mausolée dont la date vraie est 1598, figurait sans doute dans la chapelle antérieure à celle d'aujourd'hui et en était vraisemblablement sorti au moment de la reconstruction de l'église (1768). Il était, en 1877, posé dans le jardin des sœurs institutrices de Vauvillers. A cette époque, M. l'abbé Rigny, curé-doyen de Vauvillers, le fixa à la place qu'il occupe aujourd'hui.

tion du blé, des fruits, et parfois de la vigne ; en la partie vosgienne ou lorraine : terrain de grès, température
humide, froide, fruits rares, céréales communes : seigle,
orge ou avoine. Elles différaient encore par leur caractère, leurs mœurs, et même par leur manière d'accentuer leur langage (1). Qu'y a-t-il d'étonnant, dès lors,
que chacune de ces agglomérations ait eu l'attrait de
se rattacher à une famille qui correspondait mieux à
ses aspirations ?

Ajoutons que cette dualité, qui affectait l'autorité
seigneuriale, n'avait nullement d'effet sur le territoire,
qui restait toujours indivis entre les deux coproprié-
taires. Ainsi, dans tous les contrats de vente ou d'achat
que ces derniers passent, il ne s'agit jamais, pour chacun des contractants, que de la moitié indéterminée
du sol. On vend ou on achète la moitié des prés, la moitié
des étangs, la moitié des forêts, etc., sans fixer de déli-
mitation pour les lots. Autant dire que, dans tous ces
contrats, la totalité de la terre demeurait commune
aux deux propriétaires et que les revenus seuls se partageaient par moitié entre chacun d'eux (2). Peut-être
pourtant, faut-il faire à cette règle une exception pour
le château, qui ne pouvait être indivis ?

Autre question. Qu'entend-on dire par ces mots de
style courant : Vauvillers, terre de surséance ?

Le régime de la surséance était un régime politique
et administratif dans lequel le prince, haut souverain
d'une terre, pour des motifs à lui connus, s'étant désisté,
provisoirement, de son autorité souveraine, en avait
abandonné l'exercice aux seigneurs locaux. Cette condition politique n'était pas propre à Vauvillers, elle

---

(1) On disait volontiers en Comté, en regardant la Lorraine : « Mauvais vent, mauvaises gens. » — Ou bien encore avait cours ce vieux dicton,
qu'on nous pardonnera de répéter : « Lorrain, vilain, traître à Dieu et à
son prochain. »

(2) V. Les dénombrements des biens de 1663 et de 1678. Arch. du Doubs,
et aussi : l'Etat des droits seigneuriaux à Ruaux. En appendice.

était aussi celle de certaines terres voisines, comme
Fougerolles et Saint-Loup, qui, se trouvant dans les
mêmes conditions, étaient réglées de même façon.
Toutes ces populations aux limites territoriales impré-
cises et, par leur tempérament moral, dissemblables,
étant du reste, revendiquées tantôt par le comte de
Bourgogne, tantôt par le duc de Lorraine et même parfois par le duc de Bar, avaient été laissées par ces pré-
tendants rivaux, sous accord tacite ou écrit, dans cet
état spécial où leur autorité, mise en suspension, ou
en *surséance*, était provisoirement confiée aux seigneurs
du lieu. Pour Vauvillers, ce régime dura au cours des
XVe et XVIe siècles, sans pourtant, croyons-nous, que
le comte de Bourgogne perdît sur cette terre son droit
de regard.

Enfin, que faut-il penser de la souveraineté qu'exercè-
rent nos seigneurs de Vauvillers ? Pour répondre exac-
tement à cette question, nous devons distinguer le droit
originel et l'exercice habituel de ce haut privilège.

Quant à son origine, d'après ce que nous avons dit,
elle fut incontestablement due à la concession amiable
qu'en fit le suzerain, quel qu'il fût du reste. Dès lors,
en effet que son autorité était mise en surséance, celle
du seigneur local se posait d'elle-même et nous n'avons
pas à en rechercher ailleurs l'origine.

Quant à son exercice, nous reconnaissons aussi que
nos seigneurs l'ont pratiqué de même en certaines occasions. Du reste, le bénédictin de l'Arsenal, dans son
appendice, N. Mottet, dans sa notice, et les annalistes
comtois, après eux, n'ont pas manqué de leur attribuer
l'exercice de certains droits régaliens, qui sont, en
effet, l'apanage de la souveraineté, savoir : celui de
rendre la haute justice ; celui de grâcier les criminels ; celui de battre monnaie. Reste à savoir comment
nos seigneurs ont exercé ces droits.

Pour celui de haut justicier sans appel, ils l'ont
certainement exercé dans nombre de cas, mais nous

nous demandons, sachant ce qui se produisait en d'autres terres analogues, si leurs bailliages seigneuriaux ne devaient pas une grande partie de leur crédit, soit à leurs attaches non rompues avec leur prince suzerain, soit à leurs relations avec leur gardien, soit même à la docilité de leurs justiciables !

Pour le droit de grâcier les criminels condamnés, nous ne voyons pas que nos seigneurs en aient beaucoup usé. Dom Grappin, dans son almanach de 1785, dit bien que ce privilège a été exercé par Nicole de Lénoncourt, Nicolas du Chatelet son fils et Erard de Livron. Mais nous n'avons pas trouvé, dans les archives locales, trace du fait. Quelque crédit que nous devions à la science et à la sincérité historique de cet auteur, nous aimerions à trouver sur ce point, dans son livre, des références qu'il ne donne pas.

Enfin le privilège de monnayage. Nous ne pouvons nier qu'il ait été exercé par quelque sire de Bauffremont et du Chatelet. Mais nous constatons qu'il ne l'a été que dans des conditions particulières et non sans conteste et protestations. La question a· été traitée par des numismates distingués (1) de diverses époques. Ils nous apprennent que les collections françaises contiennent 1 demi-gros de billon des Bauffremont et 14 pièces d'or, d'argent ou de billon des du Chatelet. Mais ils notent : que cette pièce des Bauffremont qu'ils attribuent à Gauthier Ier ou à Gauthier II pourrait bien n'être qu'un jeton de chevalier ; que toutes les pièces des du Chatelet ne doivent être attribuées qu'au seul Nicolas II, ce qui enlève une grande force à l'argument tiré d'un exercice constant et suivi de ce privilège ;

---

(1) Tobésien-Duby : *Traité des monnaies des barons et des prélats de France.* 2 vol. in-4°. Impr. royale, MDCCXC. — Poey d'Avant : *Description des monnaies seigneuriales françaises*, 1 vol. in-4°, Fontenay, Vendée, 1853. — Plantet et Jeannez : *Essai sur les monnaies du Comté de Bourgogne depuis l'époque gauloise jusqu'à la réunion de la Franche-Comté à la France sous Louis XIV.* 1 vol. in-4° Lons-le-Saunier, 1855.

enfin que cette émission unique n'a pas été sans
susciter protestations et prohibition.

En effet, dès le lendemain de la divulgation de ces
pièces, Charles-Quint, du fond de l'Espagne, se souve-
nant qu'il était comte de Bourgogne, fit, par arrêt de
son parlement de Dôle en date du 17 mars 1553, « défense aux habitants de la Comté d'employer les monnaies de Vauvillers ; aux Seigneurs de Vauvillers, et à
leurs officiers, de faire battre monnaie, sous peine de
500 marcs d'argent ». Et bientôt, comme cette première
interdiction n'avait pas produit tout son effet, il la réi-
téra par un nouvel arrêt, en date du 18 juillet 1554,
« défendant, derechef, aux sires de Vauvillers, à leurs
serviteurs et officiers de battre monnaie à peine de
mille marcs d'amende ; et à tout sujet de Sa Majesté
de s'entremettre, mesler, n'y empêcher aucunement...
à peine de 500 livres et d'en être châtié arbitrairement ».
Le 13 août 1554, voici un nouvel arrêt, qui, cette fois, en-
courage les révélateurs en leur promettant le tiers des
amendes et des confiscations. Bien plus encore, le mal
s'aggravant, ou l'émission de ces pièces ayant été considérable et beaucoup d'entre elles ayant pénétré en
France, le roi Henri II, autant pour soutenir un prince
voisin que pour se défendre d'un monnayage qu'il
regarde comme de bas aloi, porte, à son tour, deux
édits successifs, promulguant les mêmes interdictions,
l'un du 19 août 1553 ordonnant « de cisailler les pièces
de Vauvillers et de les porter à la plus prochaine monnaie », l'autre du 11 juin 1556, « défendant à toute personne de les prendre, mestre et allouer sous peine d'être
puni comme faux-monnayeur ». La défense était pé-
remptoire.

Comme on le voit, cette souveraineté, toute réelle
qu'elle ait été, doit être regardée comme précaire, et
nous ajouterons que, au cours des âges, elle fut bien
peu respectée ! Il suffit d'ouvrir nos annales pour nous
en convaincre. En lisant les chroniques de Jonvelle,

de Jussey, de Saint-Loup, de Vauvillers, on constate
les sièges que ces localités ont subis ; et pour ce qui
touche à Vauvillers, on y voit ce que, malgré sa souveraineté, il a souffert, en 1595, du passage de Tremble-
court, l'homme aux cheveux rouges et à la barbe poin-
tue dont nos populations ont gardé si longtemps le
douloureux souvenir et qui, tout Lorrain qu'il était,
dans sa marche sur la Comté, ne s'inquiéta guère de
respecter la souveraineté de cette seigneurie, cependant demi-lorraine.

Comment, dès lors, ne pas conclure que, si les seigneurs
de Vauvillers se sont dits seigneurs souverains et ont
été généralement reconnus comme tels par nos historiens, du moins, leur souveraineté a été incomplète et
précaire, parfois contestée et souvent méconnue ? D'où
notre dernier mot serait volontiers celui-ci : Les premiers
seigneurs de Vauvillers furent souverains dans les
limites où il leur fut permis et, par là, possible d'exercer leur souveraineté !

Ces questions étant résolues, continuons l'histoire
de nos seigneurs devenus vassaux du comte de
Bourgogne. On devine quelles vont être désormais les
conditions dans lequelles se développera l'existence de
notre double seigneurie. Le premier acte du comte
suzerain de Vauvillers eut pour objet : l'organisation
de l'administration de la terre. Les députés du parlement, en en prenant possession (1613), avaient promis
que Sa Majesté Catholique réorganiserait le bailliage.
Philippe IV, roi d'Espagne, le fit en 1633. Il confirma
par lettres patentes datées de la dite année (1) que jus-

(1) V. ces lettres patentes aux Arch. dép. de la Haute-Saône, B. 3994.
Rég. 1621-1657. Elles sont accordées, par Philippe IV, le 6 avril 1633, sur
requête, à François de Livron, abbé commendataire de l'abbaye de Notre-
Dame de la *Challade*, et à René de Chateauvieux de Vienne, seigneur de

tice et administration continueraient d'être exercées par le bailli de Vauvillers dans toute l'étendue de la seigneurie suivant les traditions, us et coutumes de la Comté et que sa juridiction serait assimilée à celle des abbayes de Luxeuil et de Saint-Claude et serait réglée à l'instar de celles des bailliages royaux, c'est-à-dire qu'elle ressortirait nûment (immédiatement) au parlement de Dole. Nous croyons que dans cette réglementation fut aussi respecté le bailliage d'Alaincourt, dont l'existence fut maintenue sous la condition toutefois que la juridiction ne s'étendît plus au delà des limites de la localité dont il portait le nom.

A cette époque, la coseigneurie, ci-devant occupée par les du Châtelet, était tenue par les de Vienne, qui se fondirent dans les Chateauvieux et ensuite dans les La Vieuville (1) ; et la coseigneurie gouvernée par les Livron passa bientôt aux mains du président de Massol par l'acquisition qu'il en fit lorsque le parlement de Dole mit en vente les biens de cette maison, et en particulier ceux qu'elle possédait en la terre de Vauvillers (1661) (2). Comme le fief était mouvant de la couronne, le dit Pierre de Massol dut rendre foi et hommage à son suzerain. Cet acte nous vaut le texte du dénombrement des biens, droits et redevances de la terre, qu'il dut produire à cette occasion. Il fut dressé en 1663. Il ne nous apprend rien de plus que ce que nous savons et avons indiqué plusieurs fois, à savoir : dualité de seigneuries, partage non du territoire mais de ses fruits (3).

Vauvillers, par lesquelles le bailliage établi dans la dite terre est maintenu sur le pied des bailliages royaux.

Les suppliants exposent que la terre a toujours été possédée en tous droits de prérogatives, supériorités souveraines qui en peuvent naître, *y faisant battre monnaie à leurs noms et armes.... y exercer tous actes* comme le souverain peut le faire.

(1) Armes de Vienne : *de gueules, à l'aigle éployée d'or, armée d'azur surmontée d'une croix de sable.*

(2) Armes des Livron : *d'argent à trois fasces de gueules, le franc-canton aussi d'argent chargé d'un roc échiqueté de gueules.*

(3) V. en appendice, l'état des droits du seigneur à Ruaux.

Cette terre ne resta pas longtemps dans les mains de son nouveau seigneur ; elle passa en celles de sa fille Elisabeth, qui, l'ayant acquise de son père, par acte du 4 mai 1678, pour la somme de 120.000 francs, rendit le 4 août suivant, en qualité de dame de Vauvillers, foi et hommage au roi de France Louis XIV, récent conquérant de la Franche-Comté (1).

Des Massol aux Clermont-Tonnerre la liaison est facile. Nous en donnerons la clef dans l'article suivant.

(1) Cet acte de foy et hommage a été accompli au château de Marnay entre les mains du duc de Duras, intendant de la province pour le roi. Pierre d'Orival, avocat au parlement, était le procureur au nom de la demoiselle de Massol.

V. arch. dép. du Doubs, .B 3046.

Charles-Henri, marquis de Clermont Crusy

Voici les Clermont-Tonnerre. Ils entrent à Vauvillers en vertu d'une alliance.

Quand on descend, de Paris vers la Bourgogne, par le chemin de fer, qui conduit à Lyon et à la Méditerranée, on trouve, à vingt kilomètres au sud de la ville de Tonnerre, le bourg d'Ancy-le-Franc, station modeste, mais relevée par la présence d'un superbe château. L'édifice a été commandé, en 1545, par un comte de Clermont et de Tonnerre, qui avait, comme le dit un récent auteur, « de l'argent, du temps et du goût » (1). Les plans en furent dessinés par le Primatice et par Nicolas del Abbate ; la construction en fut exécutée par Sellio. Quoiqu'il soit planté dans un site assez sévère et revêtu de formes plus sévères encore, il plaît par ses exactes proportions, son vaste quadrilatère et les tours qui se dressent élégamment à chacun de ses angles. Sa cour intérieure rappelle celle du palais Farnèse, avec, toutefois, les modifications nécessitées et imposées à la conception de Michel-Ange par le climat

(1) Mémoires : *Au temps des équipages.* I vol. in-12, Paris, Bernard Grasset, 1928.

bourguignon. Des Clermont il passa aux Louvois (1), puis revint aux Clermont, qui le possèdent aujourd'hui. Belle et somptueuse demeure, en tout digne de celui qui l'a édifiée et de ceux qu'elle devait abriter dans la suite.

Là, dans la dernière moitié du xviie siècle, résidaient les comtes de Clermont, originairement sortis du Dauphiné viennois, puis, plus tard, devenus comtes de Tonnerre et, quelques-uns d'entre eux, marquis de Crusy, d'une terre située non loin de cette ville (2).

En 1679, le cadet de la famille de Crusy s'appelait Charles-Henri. Il était né en 1637 de Roger de Clermont marquis de Crusy, maréchal de camp en 1652, et de Gabrielle de Pernes, elle-même fille de Louis, comte de

(1) Relativement à la vente du château d'Ancy-le-Franc par les Clermont-Tonnerre et à son achat par les Louvois, nous relevons, dans les lettres de Mme la marquise de Sévigné, certains détails, qui ne manquent pas d'intérêt :

a) M. de Coulanges, le 3 octobre 1694, écrit à la marquise : «... La grandeur de la maison de Clermont est bien étalée dans tous les coins et recoins d'Anci-le-Franc ; et je suis toujours à admirer qu'on puisse, sans mourir, voir sortir de sa maison tant de belles et si magnifiques possessions. M. de Louvois, avec toute sa faveur, mérite qu'on rende à sa mémoire la justice qu'il a eue de n'entrer dans aucune terre qui ne lui ait été, pour ainsi dire, jetée à la tête.... »

b) Mme de Sévigné répond à M. de Coulanges, de Grignan, le 14 octobre 1694 : « ... Mon cher cousin, vous me peignez, comme dans un miroir, la beauté, la grandeur, la magnificence, l'étendue de toutes ces possessions [celles d'Ancy-le-Franc]; et puis, vous vous écriez : Comment est-il possible que les seigneurs de tels royaumes aient pu se résoudre à s'en défaire ? Hélas, vous le dites dans vos chansons, c'est que, depuis très longtemps, l'hôpital était attaché à cette maison seigneuriale de Tonnerre ; en voilà la seule et véritable raison ; raison où il n'y a pas un mot à répondre; raison qui ferme la bouche ; raison enfin qui fait sortir le loup du bois, et qui fait que tout est à Mme de Louvois... » (V. lettres de Mme de Sévigné.) C'était donc bien la nécessité financière qui avait décidé les Clermont. Quant à Mme de Louvois, elle avait une immense fortune. Dangeau raconte, dans son journal du 18 décembre 1694, que l'intendant de la marquise étant venu à mourir, on trouva chez lui 800.000 francs en or, qui appartenaient à Mme de Louvois.. Le château revint à la famille de Clermont-Tonnerre au cours du xixe siècle.

(2) Armes de la famille de Crusy : *d'azur à trois roses d'argent posées deux et une.*

Pernes, baron de Rochefort, conseiller d'Etat, gouverneur de Saintes, et de Claudine, comtesse d'Epinac.
Ce fut lui qui, le premier des Clermont, prit pied à Vauvillers. Il le fit dans les circonstances suivantes : comme
Elisabeth de Massol, fille du président de la Chambre des
Comptes de Dijon, venait de recevoir (1678) de son
père, dernier acquéreur de la terre de Vauvillers, donation de ses biens, Charles-Henri de Crusy l'épousa (11
juin 1679) et trouva dans sa corbeille la seigneurie de
Vauvillers et le marquisat qui y était attaché.

C'est muni de ce titre et de ces droits qu'il se présenta en sa nouvelle seigneurie.

Si, avant de le recevoir, on lui demande ses *preuves*,
il n'aura pas de peine à les produire.

S'agit-il de son origine ? Il répondra : que sa famille,
originaire du Dauphiné-Viennois, tenait d'abord en fief,
dans cette province, la terre de Clermont ; que, dans la
suite, elle acquit la seigneurie de Tonnerre en Bourgogne, ce qui lui permit de donner à l'une de ses branches
le double nom de Clermont et de Tonnerre ; et que, enfin,
elle recueillit, non loin de là, le marquisat de Crusy,
dont il porte lui-même le titre et le nom.

S'agit-il de l'antiquité et de la notoriété de sa race ?
Pour son antiquité, il n'aura qu'à indiquer son premier
auteur : Sibaud, comte de Clermont, lequel était déjà
mentionné dans les titres de l'Eglise de Vienne en 1020
et en 1094. Pour la notoriété de sa maison, il n'aura qu'à
ouvrir l'histoire de notre pays et il pourra y montrer
le nom de quelqu'un des siens à chacune de ses
pages.

S'agit-il, comme on dit en langage héraldique, de
ses *honneurs,* ecclésiastiques ou militaires ? Pour les
premiers, il n'aura qu'à dérouler la bulle que notre
pape comtois Calixte II (1) délivra en 1120 à Sibaud II,

---

(1) Calixte II, né à Quingey (Doubs). Il était frère d'Etienne II comte
de Bourgogne.

le second auteur de sa lignée, en récompense du service qu'il lui avait rendu de chasser de Rome Grégoire VIII, l'antipape Bourdin. Par cette bulle, le pape
accorde à son défenseur, ainsi qu'à tous ses descendants
mâles, le droit de porter, dans ses armes, deux clefs
d'argent posées en sautoir sur fond de gueules, avec,
pour cimier, une tiare papale et pour devise ces paroles
de Pierre au Christ : *Etiamsi omnes te negaverint, ego
nunquam te negabo*, « quand même tous vous renieraient,
moi je ne vous renierai jamais », paroles qui, par ellipse,
ont été réduites à ces simples mots : *Etsi omnes ego non*,
quand même tous, moi pas », le tout détaché de l'écu
même du pape (1).

Ou, si le nouveau seigneur le préfère, il n'a, dans le
même ordre d'idées, qu'à citer les évêques de sa famille,
dont voici les derniers en date : Louis-Anne de Clermont
Chatte, qui, en 1623, était évêque de Laon ; François
de Clermont-Tonnerre, qui, en 1661, était évêque comte
de Noyon et qui, malgré beaucoup d'autres charges, se
glorifia plus de celle-ci que de toutes celles qui vinrent
l'honorer dans la suite ; Antoine-Benoît de Clermont-
Tonnerre, qui mourut, en 1678, évêque de Fréjus ;
François de Clermont-Tonnerre, qui, en 1724, mourut
évêque de Langres.

Au sujet de ses *honneurs* militaires, il n'aura qu'à
nommer les soldats de sa maison, par exemple :
Aynard IV de Clermont, qui, devenu librement vassal
de Humbert II, dernier dauphin du Viennois, reçut de
ce dernier la charge de *Souverain Capitaine* et em-

---

(1) V. cette bulle en Appendice. Si certains critiques, au nom d'une
paléographie inquiète, élèvent parfois quelque doute sur l'authenticité
de cette bulle, et regardent ces clefs du blason qu'elle concède comme
des armes parlantes, les mots *clar* en patois du Dauphiné signifiant *clef*,
la famille de Clermont-Tonnerre peut invoquer, comme suprême confirmation de ladite bulle, l'attitude traditionnelle de tous les papes successeurs
de Calixte II, qui n'hésitent pas, comme le fit Pie VI, parlant en 1775 à
Antoine de Clermont-Tonnerre, le futur archevêque de Toulouse, à reconnaître et à confirmer l'acte de Calixte II.

ploya tout son crédit à fixer le choix de ce prince en
faveur de la cession du Dauphiné à la France, cession
qui fut consommée en 1349 ; Aynard de Clermont-Chatte,
gouverneur de Dieppe en 1589, qui remit cette place
à Henri IV et se montra, par cette action, au dire de
Sully (1), « vrai Français et le plus homme de bien du
royaume » ; François de Clermont-Chatte, qui mourut
en 1594, devant la ville du Puy, qu'il assiégeait pour
la remettre dans l'obéissance du roi, pendant la guerre
civile ; Philibert de Clermont-Montoison, qui à la fameuse journée de Fournoué, se couronna de gloire, en
volant au secours du monarque, qui l'appelait à lui,
et mérita que l'appel de son roi : « A la rescousse Mon-
toison » devienne le cri de sa branche (2)

Et, s'il ne s'agit plus d'honneurs et de mérites, mais
bien de droits légaux donnant accès à la propriété de
la terre et de la seigneurie dont il vient prendre possession, il livrera le contrat du mariage qu'il contracta
avec Elisabeth de Massol, lequel lui confère tous ses
droits.

Le jour où le nouveau seigneur vint à Vauvillers, il
n'y entra pas seul. Il y fut accompagné de son épouse,
de sa mère et de quelques-uns des siens ; mais il y trouva,
ce semble, plus de deuils que de joies. Déjà son père
était mort en 1676. Lui-même à peine y était-il arrivé qu'il
perdit sa mère, Gabrielle de Pernes, qui mourut le 28 février 1683. Elle fut inhumée dans la chapelle seigneuriale du lieu et son cœur transporté à Crusy (3). Après
avoir perdu sa mère, il perdit encore un jeune fils, son
aîné, nommé Gaspard. Cet enfant était né le 7 juillet 1681
et mourut le 21 mai 1688. Enfin, lui-même succomba le
19 février 1689. Etant mort à Vauvillers, il y fut inhumé
à côté des siens. Son acte de décès porte qu'il était âgé

(1) *Mémoires de Sully*, tome I, page 63.
(2) Voir Moréri, La Chesnaye des Bois, d'Hozier, etc
(3) V. Reg. par. Arch. munic. de Vauvillers.

d'environ 52 ans (1). Sa dalle funéraire se voit encore à l'église de Vauvillers (2).

Il laissait : 1º une fille Marie-Madeleine, née le 14 août 1682 ; 2º un fils Charles-Henri-Louis, né le 7 septembre 1683 ; 3º un fils Gaspard, né en 1688.

(1) V. Reg. par. Arch. munic. de Vauvillers.
(2) *Ibid.*

Jean-Claude Sommier, archevêque titulaire de Césarée (1661-1737)

Maison natale de Jean Caude Semmier, archevêque titulaire de Césarée,
bâtie en 1607

III

Charles-Henri-Louis, marquis de Clermont-Crusy

(1683- ?)

Charles-Henri-Louis de Clermont-Crusy, fils aîné
du précédent seigneur, succéda, quoique enfant, à son
père. Il n'avait que six ans. Il demeura sous la tutelle de
sa mère, qui géra la terre pour lui. Mais il n'en jouit
pas moins du titre de haut et puissant seigneur, dont
nous le voyons gratifié dans les actes. C'est ainsi que
nous le trouvons qualifié, en 1690, dans l'acte de baptême d'un enfant de J.-B. Maire, procureur fiscal de
Vauvillers, et à celui de plusieurs autres enfants de
même ordre, toujours avec la mention de haut et puissant seigneur du lieu.

A cette occasion, signalons le contact qui s'établit
entre les nouveaux seigneurs et les familles bourgeoises
du pays. Parmi ces dernières, nommons les Maire, qui
s'appelleront bientôt : Maire de Bouligney et Maire
d'Hurecourt ; les Poisson, dont nous voyons déjà le
nom écrit « de Poisson », les Sommier, dont l'un, Nicolas,
est à la tête du bailliage et, comme tel, rattaché aux
Clermont-Crusy, dont l'autre, Jean-Claude, son fils,
honora son pays en devenant grand prévôt de Saint-Dié,
archevêque titulaire de Césarée (1) ; et encore les
Guillemand, les Mottet, etc.

(1) La famille Sommier mérite une note que nous nous empressons de
rédiger. Au commencement du XVIIᵉ siècle, vivait, à Vauvillers, Nicolas
Sommier, qui devint bailli du lieu. Il appartenait à une famille noble,
d'abord attachée à Charles le Hardi, dernier duc de Bourgogne. A la mort
de ce prince, ses ancêtres passèrent en Lorraine, au service des ducs ;

Toutes ces relations accusaient assez les désirs réciproques des seigneurs et de leurs clients de vivre les uns avec les autres, dans un agréable commerce. Et cette harmonieuse sympathie se manifestait, surtout, par ces pieuses réunions qui avaient l'église pour théâtre. En voici une preuve.

C'était en 1697, les cloches de l'église de Vauvillers avaient sans doute besoin d'être refondues ; il fut décidé que deux cloches neuves seraient placées au beffroi. Mais le jeune seigneur ou plutôt sa mère comme tutrice et régente, voulut faire grand et rendre participants de la fête, non seulement sa famille, mais encore ses commettants et ses amis voisins. Nous trouvons l'écho de la cérémonie dans les registres paroissiaux du temps. « Le 3 septembre de l'année 1697, lisons-nous, eut lieu la bénédiction de deux cloches. L'une eut pour parrain Pierre Bouchu, président du parlement de Dijon, et pour marraine Elisabeth de Massol, veuve de Henri de Clermont-Tonnerre, marquis de Ravière en Bourgogne. L'autre cloche eut pour parrain : illustrissime seigneur François de Clermont-Tonnerre, évêque duc de Langres et pour marraine Jeanne-Octavie de Montdoré. » Cette double bénédiction, sans doute objet d'un même office liturgique, avait eu pour assistants l'abbé de Faverney, l'abbé mitré de saint Bernard, un certain nombre de

---

puis en Comté, où ils acceptèrent de modestes emplois. Cependant, dès la fin du XVIe siècle, ils bâtissent à Vauvillers un élégant hôtel Renaissance avec fenêtres à croisillons, et bretèche sur rue, qui est encore là, près du château. Bientôt le bailli Nicolas sollicite et obtient du duc Léopold de Lorraine des lettres de noblesse pour suppléer à celles de sa famille perdues par le malheur des guerres (24 janvier 1712). Ces lettres rappellent une action d'Adam Sommier, son père, qui, en 1636, commandant du château de Vauvillers, le défendit avec valeur dans un siège acharné contre les Suédois (v. les lettres aux Arch. dép. de Vesoul B. 3980, reg. 1711-1720). Les armes des Sommier sont : *d'azur au sommier d'or, mis en fasce, accompagné en chef de deux étoiles d'argent et d'un croissant montant de même en pointe ; et pour cimier, deux pennes aux armes de l'écu.*—Voir J.C.Sommier, arch titulaire de Césarée. Discours de réception à l'Académie des Sciences Belles Lettres et Arts de Besançon, par M. le chanoine Payen, 1911.

prêtres ou de religieux, la population du bourg, et toute
la noblesse des environs (1).

Bien plus, la fête eut un lendemain. Cette fois, ce ne
fut plus un baptême de cloches, mais un baptême d'enfant, et d'une enfant de quinze ans. Les époux Clermont-
Massol avaient eu, on se le rappelle au mois d'août
1682, une fille. Celle-ci avait été ondoyée ce jour même,
et, pour une raison que nous ignorons, on ne lui avait
pas octroyé les autres cérémonies du baptême. On profita donc de l'assistance réunie à l'occasion des cloches, et surtout de la présence de l'évêque de Langres,
pour suppléer à l'enfant les cérémonies omises. Il sera
sans doute intéressant de lire l'acte original de cette
collation sacramentelle.

« Le quatrième jour de septembre, l'an seize cent
quatre-vingt-dix-sept, très haute et très illustre damoiselle Marie - Madeleine - Pierrette - Françoise - Charlotte
de Clermont-Tonnerre, fille du très haut et du très puissant seigneur Messire Charles-Henry de Clermont-
Tonnerre, marquis de Crusy, seigneur de Vauvillers, et
de très haute et très puissante dame, Madame Elisabeth
de Massol, sa femme, étant née le quatorzième jour du
mois d'août l'an seize cent quatre-vingt-deux, et ayant
été ondoyée à l'église, le même jour, avec la permission
de Monseigneur illustrissime et révérendissime Archevêque de Besançon, donnée le vingt-deux de juin de la
même année quatre-vingt-deux, les cérémonies du
baptême ont été suppléées par Monseigneur Illustrissime
et Révérendissime François de Clermont-Tonnerre, duc de
Langres, Pair de France. Son parrain a été Illustre
haut et puissant seigneur messire Pierre Bouchu, chevalier, conseiller d'Etat et premier président du souverain parlement de Dijon ; et la marraine a été très
illustre et très puissante dame Madame Marie Languet
veuve de très haut et puissant seigneur messire Pierre

(1) V. Reg. par. Arch. municip. de Vauvillers.

de Massol, chevalier conseiller du Roy en tous ses conseils et président de la chambre des comptes de Dijon. »

Signé :

« Marie Languet Massol

« Bouchu

« Marie-Madeleine-Pierrette-Françoise-Charlotte de
Clermont ;

« Elisabeth de Massol, marquise de Clermont-Tonnerre. »

Est-il oiseux d'indiquer ici que la jeune fille de quinze ans
à qui l'on vient de suppléer les cérémonies du baptême,
ne doit pas tarder à se marier ; et qu'elle va épouser,
dans peu d'années, le haut et puissant seigneur
Messire Jean le Compasseur de Courtivron, président à
mortier au parlement de Dijon, chevalier, conseiller
du Roy, en tous ses conseils, marquis du dit Courtivron, etc. ? Nous retrouverons plus loin la famille
dans laquelle elle entrera, mais dès aujourd'hui nous
pouvons signaler que, elle-même, devenue mère,
fera baptiser le 20 octobre 1704, dans l'église de Vauvillers (1), par le curé du lieu, avec autorisation de
Mgr François-Joseph de Grammont, archevêque de
Besançon, son premier né, lequel, étant un fils, continuera son nom et sa race, ce qui permettra même, après
deux générations, au sang des Courtivron de se mêler à
nouveau à celui de nos Clermont comtois.

Quant au jeune Charles-Henri-Louis, passé la date de
1590, nous ne le trouvons mentionné nulle part, et nous
sommes forcé de passer à son frère puiné, Gaspard, bien
jeune lui aussi, mais qui ne tardera pas à faire parler
de lui.

____

(1) V. Reg. par., archiv. municip. de Vauvillers.

Le Maréchal Duc Gaspard de Clermont-Tonnerre
(1688-1781)

IV

Gaspard, maréchal, duc de Clermont-Tonnerre
(1688-1781)

Après Charles-Henri-Louis de Clermont-Crusy, mort jeune et sans enfants, parut à la tête de la seigneurie Gaspard, son frère puîné, qui avait repris le prénom de l'aîné de ses frères précédemment décédé.

Comme ses prédécesseurs, il porta d'abord le titre de marquis de Crusy et de Vauvillers ; mais, sur la fin de sa vie, il put se signer duc de Clermont-Tonnerre et pair de France. Il est un de ceux qui ont le plus illustré sa maison.

Il naquit à Dijon (1), le 15 août 1688, du marquis Charles-Henry de Clermont-Crusy et d'Elisabeth de Massol. Ayant perdu son père dès son bas âge, il fut élevé par sa mère, qui semble avoir été une femme d'intelligence et de volonté, et qui lui communiqua, soit par hérédité, soit par éducation, cette virilité qui fit le succès de sa vie.

Dès ses débuts, il se donne sans réserve à la carrière militaire, dans laquelle il déploie les plus brillantes

(1) Il est naturel qu'il soit né à Dijon, sa mère Elisabeth de Masso étant, comme on le sait, la fille du Président de Massol, de Dijon.

Voici son acte de baptême :

« Le 29 août, Gaspard, fils de Messire Charles-Henry de Clermont, marquis de Crusil, etc., et de dame Elisabeth Massol a esté receu, les cérémonies baptismal ayant été *inondé*, pour cause de nécessité, le 20 août ; le parrain a été messire Gaspard de Reud commande(ur) de *Puègnes* (Pernes), et pour marraine dame de Berbisey, épouse de messire de Massol, chevalier et président de la chambre des comptes de Dijon. »

Signé : B. de Berbisey   Le commandeur de Pernes,
      de Massol   Berger.

(Paroisse de Notre-Dame de Dijon, année 1688. Arch. municip. de Dijon B. 529 f. 150 verso.)

qualités. Il n'a que quinze ans (1703) et déjà il commence à servir. A vingt et un ans (1709), il commande un régiment de cavalerie, qui porte son nom. A peine fait-il trêve aux occupations de sa carrière, pour se choisir une épouse, et fonder un foyer. Ce fut le 29 avril 1714 qu'il épousa Antoinette Pothier de Novion (1), dont la famille habitait le château de Champlâtreux, dans l'Ile-de-France. La jeune épouse apportait à son mari les traditions de sa famille, ainsi que les biens qui lui avaient été cédés par les siens. Quant à lui, il se présentait comme riche de la moitié de la seigneurie de Vauvillers, moitié que sa mère avait apportée elle-même à son mari lors de son alliance avec lui.

Le nouveau seigneur fit reprise de son fief en 1715. Cet acte, avec l'état détaillé des possessions et des redevances y relatives, se trouve aux archives départementales du Doubs (2). Nous ne croyons pas devoir le produire ; il ne nous apprend rien de plus que les dénombrements de 1663 et de 1678 que nous avons relatés plus haut.

Avant de quitter le sujet de son mariage, disons que, en 1719, il perdit deux enfants nés de sa récente union et que ceux-ci furent inhumés dans la chapelle des seigneurs de Vauvillers, laquelle, dans l'acte de décès, est dite : jointe à l'église du lieu (3).

Mais revenons à sa carrière. En 1716, il a le titre de brigadier général ; en 1720, il est fait commandeur de Saint-Louis ; en 1736, il est maréchal de camp, lieutenant général et mestre de camp de la cavalerie. Lorsque s'ouvrent les guerres pour la succession de Pologne ou celle

(1) Elle était fille de Louis-Anne-Jules Pothier de Novion et d'Antoinette Le Comte de Montanglon (manusc. de l'abbé de Clermont-Tonnerre, aux mains du marquis de Châteaubrun, château de Noironte (Doubs). Le contrat fut passé par devant le notaire Dupuis le jeune. (Arch. départ. de la Haute-Saône B. 4081, Liasse 1598-1787.)

(2) Arch. du Doubs, B. liasse 1027.

(3) V. reg. par. Arch. municip. de Vauvillers.

d'Autriche, il fait partie de l'armée de Bohême (1), prend part au combat de Sohau, à la défense de l'Alsace, au siège de Fribourg-en-Brisgau. A Fontenoy, il commande l'aile gauche de l'armée et s'y distingue, en ralliant l'infanterie, par son courage et son sang-froid. En 1746, il est à la prise de Tournay et à celle de Bruxelles ; il prend part à la bataille de Raucoux ; dans la journée de Lawfeld, à la tête de 32 escadrons de cavalerie, il soutient, pendant quatre heures, sous le feu de 40 pièces de canon, l'infanterie, qui attaque le village de ce nom, et, grâce à son concours, finit par l'emporter. Ce même jour, il termine le combat par une charge brillante contre la cavalerie ennemie, qu'il met en déroute en lui enlevant deux canons. C'est à la suite de ce fait d'armes qu'il est créé maréchal de France, le 17 septembre 1747.

Mais, capable d'adaptations les plus diverses, il entreprend vingt œuvres différentes, les conduit toutes à bonne fin et se montre supérieur en chacune d'elles. Comme à Paris il avait savamment préparé ses plans de guerre, comme à Besançon il avait habilement acheté des chevaux pour l'armée, comme à Belfort il avait prudemment armé la place en vue d'un siège ; comme à Bruxelles, à Tongres, à Fontenoy, il avait déployé sa science et sa bravoure, à Luxeuil il tient à gérer les affaires ecclésiastiques de son fils, l'abbé ; à Vauvillers, il se débat avec ses fermiers et même il se plaît à bâtir.

Ici, fixons nos regards, un instant, sur l'une de ses bâtisses, la plus importante du reste, celle du château.

(1) Nous relevons, avec plaisir, que dans la campagne de Bohême, comme du reste au siège de Prague, et à la retraite des dix mille, dans la division Clermont-Tonnerre, se trouvait le régiment « Grammont-Fallon cavalerie », lequel était commandé par Pierre puis par Ferdinand de Grammont-Granges, qui ont fourni à leur division maintes occasions de se signaler et à leur régiment, l'honneur d'être plusieurs fois cité. (V. aux arch. histor. du Ministère de la Guerre, le journal de marche de la division Clermont-Tonnerre pendant la campagne de Bohême.)

C'était en 1723 (1). Jusque là, les seigneurs du lieu habitaient un vieux château qu'avaient élevé les anciens sires de céans et dont les murs délabrés tombaient de vétusté. Les Bauffremont, les du Chatelet, les Livron, les de Vienne, les La Vieuville s'en étaient pourtant contentés. Le brillant cavalier qu'était Gaspard voulut-il s'offrir à lui-même une demeure digne de son rang, ou, mieux, voulut-il ménager à sa jeune épouse une résidence plus somptueuse et plus agréable que l'antique manoir ? Nous ne savons. Probablement, ces deux motifs déterminèrent-ils également sa décision. Ayant donc laissé de côté l'ancien château et même la tour des prisons, qui devait en être le donjon (2), et ayant choisi un vaste terrain, à la fois touchant au village et confinant à la campagne, il y développa son œuvre, laquelle se présente ainsi : du côté du village, une porte monumentale qu'on appela le Dôme, cintrée et moulurée, selon le style du temps, encadrée de pilastres engagés et de colonnes cannelées et flanquée elle-même, à droite et à gauche, de dépendances, donne accès à une large cour quadrilatérale desservant les constructions qui l'enveloppent. Les deux principales, lesquelles se font face et se ressemblent par leur architecture et leur style, sont : l'une le château proprement dit et l'autre le bâtiment des communs.

Le château offre un parallélogramme allongé dont la façade seule a quelque caractère. Elle se compose d'un avant-corps central, percé de trois larges portes-fenêtres aux montants taillés et cintrés, et encadrées de pilastres aux chapiteaux corinthiens soutenant un fronton triangulaire. Le 4e côté de la cour, resté ouvert pour y faire pénétrer l'air et le soleil, était clôturé par une

(1) Cette date nous est indiquée par l'acte de sépulture du maître charpentier qui fut écrasé le 8 juillet 1723, aux travaux de bâtisse du château. Rég. par., arch. municip. de Vauvillers.

(2) La tour des Prisons, dont il est parfois question, a duré jusqu'aux premières années du xixe siècle, mais aujourd'hui elle n'existe plus.

Le château de Vauvillers

Reconstitution par M. Bailly, architecte

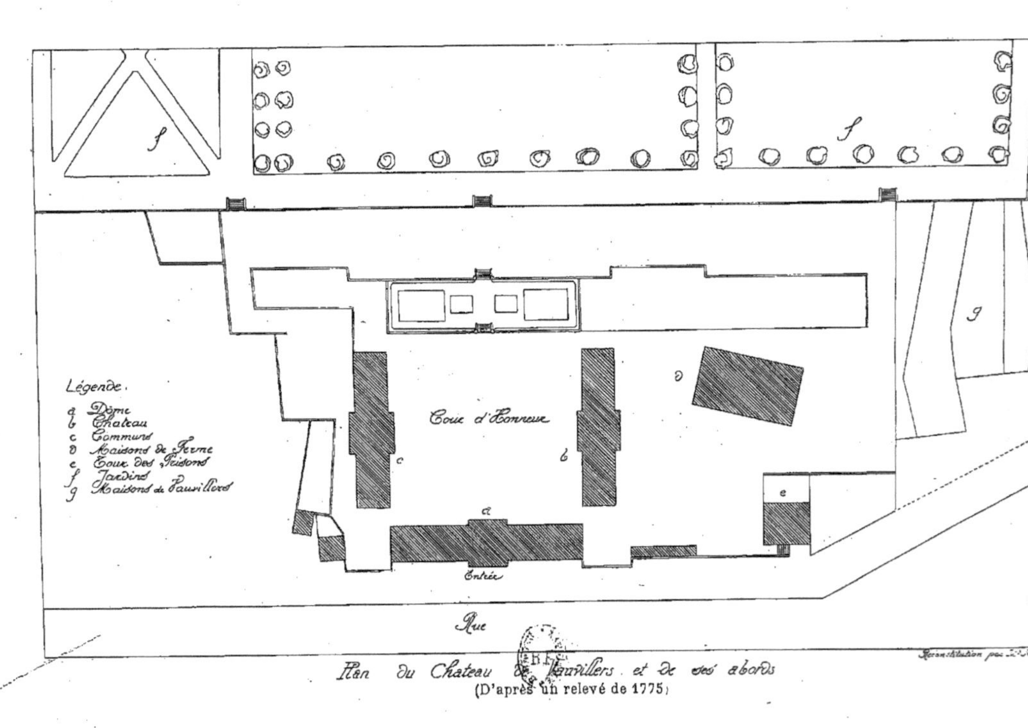

Plan du Chateau de Pauvillers et de ses abords
(D'après un relevé de 1775)

série de balustres en pierre qui la séparait de vastes jardins, plantés à la française. Tel est l'édifice, dans son gros œuvre. Nous sommes heureux de pouvoir ajouter que, malgré de sérieuses dégradations, dues aux dilapidations d'un jour de fureur, que nous aurons à narrer, et aux injures du temps, cet édifice est encore aujourd'hui debout.

Si, de l'extérieur, nous pénétrons dans l'intérieur, nous trouvons de nombreuses et grandes salles, reliées entre elles par un large hall que dessert un escalier magistral, aux rampes de fer forgé. Des meubles, des ornementations ou des blasons qui devaient exister, soit au fronton de l'édifice, soit aux clefs de quelques fenêtres, il ne reste rien aujourd'hui. Mais à la rampe de l'escalier, on trouve affrontés deux C, initiales des noms Clermont et Crusy, et à celle du grand balcon central, l'enlacement des deux lettres CM, qui, à n'en pas douter, sont les initiales des deux noms Clermont et Massol. Elles indiquent assez, par leur présence et par leur union, la part que, de concert, prirent à l'œuvre et le fils et la mère.

Puisque nous rencontrons ici cette femme énergique, qui a joué un si grand rôle dans la vie de son fils, saluons-la en passant, d'autant plus que c'est la dernière fois que nous la rencontrerons. Elle mourut en 1732, justement pleurée de son fils Gaspard et des enfants de ce dernier. Voici son acte de décès.

« L'an mil sept cent trente-deux, le 7 avril à huit heures du soir, haute et puissante dame Elisabeth de Massol, douairière, épouse de feu haut et puissant Seigneur messire Charles-Henri de Clermont, marquis de Crusy, seigneur de Vauvillers, de Mangevelle, et autres lieux, est morte, âgée de quatre-vingt-quatre ans, munie des saints sacrements de notre mère la sainte Eglise. Son corps a été inhumé en la chapelle des seigneurs de Vauvillers, le huit du mois d'avril, entre neuf et dix heures du soir, en présence de Messieurs Pierre-

Joseph Guillard, Dominique Braconnier, prêtres résidant aud. Vauvillers, du sieur Jean-Baptiste Defossey ecclésiastique dud. lieu, de Jean-Pierre-Antoine Nobys bailly de Vauvillers, du sieur Denis Odoste Duplessis procureur fiscal aud. bailliage, du sieur Didier Poinsot greffier et de plusieurs autres soussignés.

« Signé P. S. Guillard, prêtre, Braconnier, prêtre, D. Poinsot, J. Ch. Garret, curé de Vauvillers (1). »

La dalle funéraire est encore à l'ancienne chapelle seigneuriale et elle porte la date de 1732 avec un écusson.

Son testament, qui avait été fait au château de Vauvillers, et qui fut publié le 21 novembre 1733, contient ce qui suit :

« Je veux et entends que mon corps soit inhumé en l'église paroissiale de Vauvillers, en la chapelle des seigneurs où repose le corps du marquis de Clermont mon très cher mari, je défends toute cérémonie d'ostentation et oraison funèbre.

« Je lègue 100 messes basses au clergé de la paroisse.

« Je lègue à ma sœur religieuse au monastère de la Visitation à Dijon une pension de 30 livres.

« J'institue ma très chère fille Marie-Pierrette-Madeleine Françoise de Clermont, épouse de M. le président de Courtivron, comme légataire particulière pour...

« Je fais mon légataire universel mon très cher fils Gaspard...

« Je laisse à mes domestiques.... (2) »

Ces dernières volontés furent ponctuellement exécutées.

On a vu, par les succès de sa carrière, ce que valait le maréchal, et l'on ne s'étonnera pas si nous disons que, à un homme de sa trempe, il est difficile de n'être pas le

(1) Reg. paroiss., arch. municip. de Vauvillers.
(2) V. Arch. dép. de la Haute-Saône.

premier partout. Or, dans la seigneurie, telle qu'elle était constituée, il avait à tenir compte d'un coseigneur avec lequel il partageait par moitié tous les revenus, toutes les redevances et tous les droits. A l'époque, ce coseigneur, toujours plus ou moins rival, était M. de la Vieuville, qui tenait sa coseigneurie des de Vienne, qui la tenaient des Chateauvieux, qui la tenaient des du Chatelet. Nous avons vu par les dénombrements de 1678 en quoi ces divers revenus et droits consistaient. Rappelons toutefois que les La Vieuville tenaient encore le vieux château et la tour des prisons (1). Le dernier des La Vieuville, ayant été mis en demeure, par décret du Parlement, de vendre ses biens, le maréchal les acheta tous, avec les droits qui y étaient attachés, et fit ainsi cesser cette dualité d'autorité seigneuriale, souvent difficile à exercer. Désormais donc il fut seul à gouverner sa terre et put se dire, plus que jamais, haut et puissant seigneur du lieu. L'acte d'acquisition est du 7 mars 1739. Le tout était estimé 350.000 livres (2).

Au cours de son mariage, il avait eu de nombreux enfants. Quelques-uns étaient morts jeunes ; mais quatre étaient arrivés à âge d'homme. C'étaient : 1º un fils, Charles-Henri-Jules, qui, à titre d'aîné, lui succédera dans la carrière militaire, ainsi qu'à la tête de la seigneurie de Vauvillers ; nous aurons à en parler longuement dans la suite ; 2º un second fils, Louis-Aynard,

(1) Arch. dép. de la Haute-Saône, B. 4081, liasse 1598-1787. V. aussi en appendice les droits du seigneur de Ruaux, village de la terre.

(2) Arch. dép. de la Haute-Saône, B. 3994, reg. 1721-1757. Nous trouvons confirmation de cette acquisition dans la note suivante, qu'on lit en une enquête postérieure, conservée aux archives dép. de la Haute-Saône : « Un témoin rapporte que, lorsqu'il était jeune, il a vu Mme de Milay jouir de la moitié de la terre de Vauvillers, laquelle passa, après son décès, moitié au seigneur de Chateauvieux son fils, et, de là, au seigneur de la Vieuville ; que l'autre moitié de la dite Seigneurie avait été, depuis longtemps, acquise par le président de Massol, de Dijon, des mains duquel elle passa à Mme de Crusy sa fille. »

qu'il destinait à l'état ecclésiastique et qu'il fit de
bonne heure nommer abbé commendataire du monastère de Luxeuil. A ce dernier, nous réservons aussi un
article spécial ; 3° une fille Madeleine, qui, devenue comtesse de Bourbon-Busset, mourut à Valdonne le 27 juillet 1769.Nous aurons peu à en parler, celle-ci ayant,
après son mariage, quitté le cercle où devaient se mou-
voir les sujets de notre étude (1) ; 4° un dernier fils
cadet de la famille, Joseph-François, qui habita généralement Hamonville en Lorraine, mais qui, malgré
cela, par son origine et ses relations, demeurera Comtois
et devra, à ce titre, être maintenu dans notre monographie.

Belle lignée qui faisait honneur à ceux qui l'avaient
fondée, soutenue et dirigée ! Toutefois, bientôt elle fut
éprouvée par la mort de celle qui lui avait donné l'existence. Cette mort eut lieu le 29 août 1754. Nous ne savons pas où l'événement eut lieu, nous pensons que ce
fut à Champlatreux, château des Pothier de Novion,
car c'est là que furent dressés tous les actes relatifs à
la succession de la défunte (2). La noble femme, qui

(1) Ne devant pas trouver, dans le cours de notre récit, l'occasion de
parler des Bourbon-Busset, nous pensons devoir ici en dire quelques
mots :

Madeleine-Louise-Jeanne de Clermont-Tonnerre, née le 9 mars 1722, avait
épousé le 23 avril 1743, François-Louis-Antoine de Bourbon, comte de Busset.
Celui-ci était, par sa naissance et par ses mérites, digne de ceux dans la
famille desquels il entrait. Les Bourbon-Busset se flattaient d'appartenir,
quoique de loin, à la famille royale et se disaient, avec orgueil, cousins du
roi. Le mari de Madeleine de Clermont-Tonnerre était né en 1722 du comte
Louis de Bourbon-Busset et de Marie-Anne de Gouffier. De bonne heure
consacré à la carrière militaire, il servit avec distinction ; se signala aux
lignes de Wissembourg (1744) ; à la bataille de Hastenbech ; à la prise du
Hanovre (1757) ; à Rosbach (1757) ; à Crevelt, à Lutzenberg, ainsi que
dans beaucoup d'autres affaires : et devint maréchal de camp en 1764.
Il obtint un brevet qui rétablit, en sa faveur et en celle de ses descendants,
le titre de cousin du roi. Il mourut en 1795.

Son château de Busset, dans l'Allier, attirait, comme il attire encore
aujourd'hui l'attention des visiteurs, par son caractère architectural,
qui est celui des châteaux à tourelles du moyen âge et de la Renaissance.

(2) V. partage de Champlatreux, arch. famil. des Clermont-Tonnerre.

avait secondé son mari en tout et avait fièrement élevé
ses quatre enfants, était digne des larmes de tous les
siens. Nul d'entre eux ne lui marchanda ses regrets et
ses pleurs (1).

A l'édification du château ne devait pas se limiter
l'activité du constructeur. Vint un jour où le marquis
de céans, comme on aimait à le nommer, voyant tomber
en ruines la vénérable église du bourg, et préoccupé, sans
doute aussi, d'assurer aux siens une chapelle spéciale
pendant leur vie et une crypte funèbre après leur mort,
résolut de rebâtir église et chapelle. Il se fit donner les
plans de l'église de Gruey, l'un des villages de la terre, et
se détermina à les reproduire à Vauvillers. La construction fut commencée le 1er août 1768 et achevée en 1773.
Le fait est mentionné dans l'inscription gravée sur cuivre qui se lit encore ainsi qu'il suit, à l'entrée de la chapelle des seigneurs (2), dans l'église de Vauvillers :

« La première pierre de cette église a été placée au
nom du très-haut et très-puissant seigneur Monseigneur
Gaspard de Clermont-Tonnerre, maréchal de France,
duc et pair nommé, chevalier des ordres du Roy, premier baron, connétable, grand maître héréditaire du
Dauphiné, premier commis des Etats, lieutenant général commandant pour le Roy dans cette province, gouverneur des ville et citadelle de Belfort, seigneur de
Vauvillers et dépendances, seul patron de la cure de
cette église. Ce premier aoust 1768. »

Pendant la construction de l'église, les exercices du
culte divin se firent dans une salle du château précédemment édifié.

Extérieurement, l'église, due à l'initiative du maréchal,
se présente avec aisance et avantage, sur une petite
place qu'elle occupe exclusivement; et elle offre, dans le

(1) Plus tard, le maréchal épousa en deuxièmes noces Marguerite-
Pauline Proudre, veuve du marquis de La Rochefoucaud de Roy ; mais,
de ce mariage, il n'eut pas d'enfants.
(2) Actuellement deuxième sacristie.

style grec du xviiie siècle, des formes vigoureusement produites par des pierres de taille, de fort appareil, régulièrement posées. Intérieurement, par sa nef unique, elle donne l'impression d'une salle vaste et spacieuse, mais elle n'a aucun intérêt artistique. En somme, édifice imposant, un peu massif, mais bien bâti. Ajoutons que, à notre avis, cette église a dû être fondée sur l'emplacement de l'ancienne, et que la chapelle seigneuriale nouvelle a, de même, repris la place de la chapelle antérieure.

A ce moment, laissons Vauvillers. Notre curiosité est attirée ailleurs. La carrière du maréchal doit en effet avoir ailleurs son couronnement ; c'est la ville de Reims qui en sera le théâtre et le témoin. Le fait vaut d'être narré.

Louis XVI venait de monter sur le trône (1774) et, comme ses prédécesseurs, pensait à se faire sacrer. Suivant en cela encore les traditions de ses ancêtres, il avait choisi pour cette cérémonie la ville de Reims et avait fixé le grand jour au 11 juin 1775. Or, parmi tous les hauts dignitaires qui devaient, à cette date, entourer son trône, il avait désigné le seigneur de Vauvillers, le vieux soldat qui avait commandé ses armées, qui, dès longtemps, tenait en mains le bâton de maréchal de France et même était alors le doyen des titulaires de son grade. Mais, ne pouvant l'élever davantage dans la hiérarchie militaire, puisqu'il en avait atteint le faîte; et, cependant, voulant le récompenser, d'une façon spéciale, il l'avait réservé, comme devant, au jour dit, remplir, à ses côtés, les fonctions de connétable et tenir devant lui l'épée royale.

Qu'était-ce, au temps de Louis XVI, que cette connétablie ? Elle ne désignait plus, comme autrefois, soit la plus haute fonction à la cour, soit le plus haut grade à l'armée. Sous cette forme, elle avait été détruite par Richelieu. Mais elle demeurait, à titre de haute

Eglise de Vauvillers. — 1768

magistrature militaire, et siégeait à certains intervalles, en une assemblée qui s'appelait : *tribunal*. Elle se composait des maréchaux de France, avec juges et prévôt, et était présidée par le doyen d'entre eux, auquel avaient été conservés le titre de connétable et la charge de porter devant le roi, au jour de son sacre, l'épée d'honneur que l'évêque consécrateur avait solennellement bénite. C'était ce rôle et cette fonction que Louis XVI réservait au vieux seigneur de Vauvillers dans la prochaine cérémonie de son sacre.

Bien plus, comme il voulait honorer non seulement son serviteur, mais encore sa lignée tout entière, il résolut de le créer, dans la même circonstance, duc et pair de France avec droit de transmission de son titre à ses enfants. Les lettres patentes accordant cette faveur devaient être, au lendemain du sacre, le témoignage de gratitude et le cadeau du roi. C'est dans l'attente de cette double grâce, celle de la connétablie et celle du duché-pairie, que tous les membres de sa famille, unis dans un même sentiment de joie et de fierté, voulurent se grouper autour du maréchal. Celui-ci vit arriver à ses côtés : le comte Charles-Henri-Jules, son fils aîné, alors lieutenant général du Dauphiné, qui était accompagné par sa femme, née de Breteuil, et par ses enfants ; le comte Jean-Louis-Aynard, son deuxième fils, alors commendataire de l'abbaye royale de Luxeuil et vicaire général de Dijon et de Besançon ; le comte de Bourbon-Busset, son gendre, qui y était aussi avec sa femme ; enfin le comte Joseph-François, son dernier fils, déjà maréchal de camp, avec sa femme, née de Lentilhac, et avec ses enfants.

On ne s'étonnera pas que ces divers membres d'une même famille, bien que vivant très éloignés les uns des autres, mais habitués à se réunir entre eux, soit à Paris dans l'hôtel familial, quai de la Tournelle, soit à Luxeuil chez l'abbé, soit à Vauvillers, leur terre seigneuriale, aient tenu, dans cette circonstance solennelle, à se trouver réunis. Ce fut l'un d'eux, l'abbé de Luxeuil, qui s'entremit pour préparer et aménager l'installation des siens à Reims. Il se fait le fourrier des voyageurs; il les conduit dans les logements qu'il a choisis pour eux; il les dirige dans les visites qu'ils ont à faire; il les aide dans celles qu'ils ont à recevoir; il se réserve même le rôle de chroniqueur de leurs actes et de leurs démarches dans la ville.

Il nous rapporte que le roi, étant parti de Versailles quelques jours avant le sacre, vint s'installer dans la ville de Reims, avec toute sa cour, qu'il descendit au palais de l'archevêché, qui, pour la circonstance, relié à la cathédrale par une galerie tapissée, sera, pendant les fêtes du sacre, appelé le Louvre; que le maréchal arriva, de Paris, à Reims, dans la matinée du 7 juin 1775 et qu'il s'installa, suivant la désignation de l'abbé, dans l'hôtel de M. de Sauvigné, rue du Marc, où il trouva, pour le recevoir, un détachement de la connétablie, qui s'y était rendu, par avance, sur les ordres du tribunal de la dite connétablie; que les honneurs lui furent rendus par MM. de Charos, prévôt, de Beaufort, premier lieutenant, Viquenet, premier exempt de la connétablie; et enfin que, la réception achevée, le maréchal put commencer ses démarches personnelles. Ici, donnons textuellement le récit de l'abbé.

« Le 8, écrit-il, MM. les maréchaux de France s'assemblèrent dans une salle du palais archiépiscopal, le Louvre, où logeait le maréchal de Duras, premier gentilhomme de la chambre, alors en exercice. MM. les maréchaux présents à la séance étaient : MM. de Richelieu, de Soubise, de Contades, de Broglie, d'Harcourt, de Noailles, de Mouchy, de Nicolaï, du May et de Duras, ainsi que M. le président de Côte, rapporteur du tribunal. Les officiers de la connétablie furent aussi appelés à cette assemblée. Il y fut question des honneurs que l'on rendrait au maréchal de Clermont-Tonnerre, en sa qualité de premier maréchal représentant

le connétable. On décida que le détachement des gardes,
ayant à sa tête l'exempt, précéderait et accompagnerait
partout le connétable, excepté dans l'intérieur du
Louvre, et que, pour les officiers de la connétablie,
ils entreraient partout, pourvu qu'ils n'aient pas leur
bâton de commandement.

« En conséquence de cette délibération, le maréchal,
dès ses premières visites, lesquelles ont commencé le
jour même, était précédé de son détachement. Il avait
dans sa voiture le comte de Clermont-Tonnerre, son fils
aîné, Monsieur de Charos et Monsieur de Sauvigné,
celui-ci tenant le département de Reims. Dans la
deuxième voiture, étaient le marquis de Clermont,
fils cadet du maréchal, et M. de Beaufort. C'est ainsi
que, toujours accompagné, même quand il allait à
pied, le maréchal est sorti.

« Le 9, le maréchal, avec son détachement, alla au
Louvre ; et, après avoir franchi le poste des gardes
françaises et suisses, poussa jusqu'au pied du grand escalier.
Il sortit dans le même ordre, après avoir fait sa cour au
roi et rendu visite aux ministres, sans oublier M. le cardinal de la Roche-Aymon et M. le coadjuteur de Reims.

« Le 10, le maréchal s'est rendu chez M. le Comte
d'Artois, frère du roi ; et ensuite au Louvre. Le même
jour, il dîna chez le comte de Vergennes, ministre des
affaires étrangères. M. de Charos était à sa droite,
M. de Beaufort à sa gauche. Lorsqu'il se rendit à cette
invitation, il était accompagné de ses gardes comman-
dés par leur lieutenant Viquenet. Il revint chez lui dans
le même appareil et reçut M. M. de la ville qui vinrent
le complimenter et lui offrir le vin d'usage consistant
en trois paniers de vingt-quatre bouteilles chacun. Ils
invitèrent, en même temps, le maréchal au repas que la
ville donne, le jour du sacre, et prièrent MM. de Clermont, ses fils, et M. le comte de Bourbon-Busset, son
gendre, de vouloir bien l'accompagner, ainsi que MM. de
Charos et de Beaufort.

« Le 11, jour du sacre, le maréchal arriva au Louvre, avec son fils aîné, à cinq heures et demie du matin.
Son cortège le suivit jusqu'à la porte du coucher du
roi. Là, il entra seul et en sortit vers les sept heures,
pour se rendre à la cathédrale. Ses fils et son gendre l'y
rejoignirent et furent, avec lui, placés dans le chœur, »

Là, ils purent contempler, de près, la scène émou-
vante qui se déroula au pied de l'autel, avant la messe,
celle de la bénédiction et de la remise au roi, puis au
connétable, de l'épée de la France. Ce fut, en effet, pal-
pitant de voir, d'une part, le vieil archevêque de la Roche-
Aymon, courbé par l'âge et les infirmités, gravir avec
peine les degrés de l'autel, pour y prendre «La Joyeuse»,
qu'il venait de bénir, puis les descendre de même, pour
offrir, de ses mains tremblantes, au monarque agenouillé
devant lui, le précieux dépôt; et, d'autre part, ce jeune roi,
dans toute la fraîcheur de ses vingt ans, recevoir gail-
lardement le fer bénit, le baiser avec effusion et le
remettre au connétable, qui, malgré ses quatre-vingt-
sept ans, le saisit avec une pieuse crânerie, et saura,
par un vigoureux effort de sa volonté, le porter haut
et droit, devant le trône royal, pendant toute la cérémonie (1).

Ici, reprenons le récit de l'abbé :

« Après le sacre, le maréchal assista au banquet
royal, auquel il tint encore devant le roi la *Joyeuse*
jusqu'à la fin du dîner (2). Puis il se rendit
à la ville où il entra par la cour avec le détachement de ses gardes suivant le droit du connétable. Et, ayant pénétré dans la salle du festin, il eut à

____

(1) V. *Notre-Dame royale*, par M. Renaud, édition Crès et Cie, XXI,
1 vol. gr. in-8 , rue Hautefeuille, 1927.

(2) Ce banquet eut lieu dans la salle du *Tau* de l'archevêché. Celle-ci
était ainsi disposée : au fond, une grande estrade contenant la table du roi
à laquelle prirent place seuls Monsieur et le comte d'Artois et ensuite, dans
la salle, deux tables de chaque côté contenant les seigneurs et dignitaires
de la cour. *Ibid*, p. 177

sa table MM. les maréchaux de Soubise, de Broglie, de Contades, de Nicolaï, M. le duc d'Ayen, capitaine des gardes du corps, M. le prince de Poix ayant la succession de M. le prince de Beauveau son beau-père, aussi capitaine des gardes, M. le duc de Cossé, gouverneur de Paris, M. le duc de Lyancourt, M. le marquis de Dreux, M. le marquis des Cars et MM. de Nantouillet.

« A la seconde table, placée à la droite de celle du connétable, étaient MM. les ôtages (gardiens de la Sainte Ampoule) et autres seigneurs, au nombre de 12.

« La troisième table, placée à gauche, était de 40 couverts et occupée par les gens de la cour que la ville avait invités. M. de Clermont-Tonnerre, M. de Bourbon-Busset ; M. le marquis d'Ambly, commandant de Reims. Ce dernier faisait les honneurs, car c'est particulièrement le lieutenant de la ville qui en est chargé. Ces trois tables étaient servies par les notables, selon leur ordre ou dignité. On y célébra la santé du roi, de la reine, de la famille royale, celle du connétable et du tribunal, de MM. les maréchaux de France. Le maréchal répondit à toutes les santés, remercia la ville et s'en retourna avec son cortège.

« Le 12, le maréchal alla faire sa cour au roi, et à la reine, au lever ; et, après son dîner, se rendit, sur les quatre heures de l'après-midi, chez le roi, avec le grand habit et le manteau de l'ordre (1) pour prendre les dispositions relatives à la cérémonie du serment du grand maître.

« Le 13, une seconde assemblée, à 10 heures du matin, chez *Monsieur*, ne laissa au maréchal que le temps de dîner chez lui et de retourner, à 4 heures de l'après-midi, chez le roi, toujours avec le grand habit et le manteau de l'ordre, pour assister, cette fois, à la cérémonie du serment du grand maître.

« Le maréchal rentra chez lui à 7 heures du soir et

---

(1) De l'ordre du Saint-Esprit, dont le maréchal était décoré.

donna ordre au premier exempt de ses gardes d'envoyer les billets d'invitation pour le tribunal du lendemain. M. le maréchal de Richelieu vint prier le maréchal de l'en dispenser. Il avait été décidé, entre les maréchaux, qu'on tiendrait tribunal pour prendre acte du droit qu'ils ont de s'assembler et de juger partout où se trouve le roi.

« Le 14, à 8 heures du matin, MM. les maréchaux de Contades, de Soubise, de Broglie, d'Harcourt, de Noailles, de Mouchy, de Nicolaï, du May, se rendirent à l'hôtel où logeait le maréchal, avec le président de Côte, pour la tenue du tribunal. On y jugea quelques affaires. Tout s'y passa, quant aux fonctions des officiers, comme à l'ordinaire ; et M. Gaudot étant demeuré à Paris, M. de Beaufort tint la plume, sans que cela pût prescrire contre le droit qu'a le connétable de la faire tenir, de l'agrément de MM. les maréchaux, par un secrétaire particulier, sans qu'il soit nécessaire, comme le prétendent quelques personnes, que ce secrétaire soit commissaire des guerres, ayant, selon d'autres, des exemples que la plume a été tenue par des secrétaires qui ne l'étaient point. Le tribunal n'a point de code constant à cet égard. Le maréchal dîna, le même jour, chez M. le maréchal du May, ministre de la guerre ; de là, il rendit visite à l'envoyé de Tripoli, à M. de Sartine, ministre de la marine, et à quelques autres personnes.

« Le 15, le maréchal, qui avait entendu la messe, se rendit au lever du roi, lui fit sa cour, ainsi qu'à la reine et à la famille royale, dont il reçut toutes marques d'intérêt et de satisfaction. Le même jour, il dîna, avec sa famille, chez M. le comte de Vergennes, qui avait fait à MM. de Charos et de Beaufort l'honneur de les inviter

« Jusqu'au dernier moment de son séjour à Reims, le maréchal tint un état convenable à sa dignité; du reste, il avait, tous les jours, invité à dîner, chez lui, les officiers qui avaient composé sa garde, et même tous ses visiteurs, car, en ces jours, il avait eu table ouverte. »

Le nouveau connétable, toutefois, quelque magnifiques qu'aient été les cérémonies auxquelles il avait pris part et quelque flatteurs qu'aient été les honneurs dont il avait été comblé, ne regardait tout cela que comme un prélude. Il attendait une autre faveur — et ses fils avec lui.

Le 15, dans l'après-midi, le roi ayant, aux acclamations enthousiastes d'un peuple en délire, quitté Reims pour Versailles, le maréchal partit dans la nuit du 16 au 17, pour se rendre à Paris. Peu de jours après ce retour, il alla faire sa cour à Versailles et fut très gracieusement accueilli de toute la famille royale. Ainsi, continue l'abbé, « le public qui avait paru prendre à son état l'intérêt le plus décidé, semblait annoncer d'avance la grâce que le roi se disposait à lui faire, de le créer duc et pair de France. La première nouvelle lui en parvint par un courrier, de la part de M. le comte de Vergennes, ministre des affaires étrangères, qui, de concert avec M. le comte de Maurepas, et du gré de tous les autres ministres, y avait mis un zèle particulier. La famille, qui, du reste, n'avait pas besoin de cette attention pour connaître la vivacité des sentiments du ministre pour elle, n'en fut que plus convaincue, par cette démarche si flatteuse et si gracieuse de sa part.

« Le lendemain, le maréchal reçut le duc de la Vrillière, ministre de la maison du roi, porteur de la grande nouvelle. Cela tombait bien. En ce moment, il avait chez lui ses parents et amis particuliers : le comte et la comtesse de Tonnerre et leurs enfants, son gendre le marquis de Bourbon-Busset, un de ses petits-fils le marquis de Courtivron ; son neveu et sa nièce, comte et comtesse de Montesson ; M. et Mme de Baglion ; Mme la marquise de Thiange et plusieurs autres personnes. La marquise de Tonnerre, sa petite-fille, était à son service, près de la reine. Le marquis de Clermont, son fils, ainsi que la marquise, sa belle-fille, étaient, depuis quelques jours, à Versailles, dans l'expectative de la grâce qui avait excité leur zèle depuis long-temps.

« A la ville et à la cour, cette nouvelle fut reçue aux applaudissements de tous. MM. du Parlement témoi-gnèrent y prendre l'intérêt et la part la plus distinguée. M. le Président manifesta sa satisfaction par les procédés les plus honnêtes et les plus empressés. Il fut décidé qu'on ne perdrait pas un moment pour la réception. Le rapporteur fut nommé sur le champ ; le jour de la réception pres-que indiqué, dès le premier moment. Mme la première présidente, qui avait déjà, depuis près de deux mois, et sur la rumeur publique, décidé de marquer au maré-chal l'intérêt qu'elle lui portait, renouvela le projet de traiter, avec la magnificence ordinaire, le maréchal et toute sa famille, le jour de la réception (1). »

Comme l'abbé de Luxeuil était chargé, depuis deux ans déjà, de compulser les titres nécessaires à la prépa-ration des lettres patentes, et qu'il était même allé, dans ce but, plusieurs fois à Versailles, ce fut encore lui qui se chargea de faire les dernières démarches dans les bureaux de la grande chancellerie pour hâter leur expédition. Aussi, dès qu'il apprit qu'elles étaient rédi-gées, il s'empressa de se rendre chez M. de Miroménil, garde des sceaux, pour les prendre. Celui-ci, malgré les occupations que lui donnait, en ce jour, la grande dépu-tation de toutes les cours de Paris, les fit sceller sans retard et les lui remit, en disant : « que, de sa vie, il n'en scellerait qui lui fissent tant de plaisir. »

La réception du maréchal au parlement, comme duc et pair de France, avec prestation de serment eut lieu le 13 juillet 1775. Le procès-verbal de la séance fut relevé par l'abbé de Luxeuil, qui y adjoignit même le

____

(1) V. ce journal aux archives familiales du marquis de Chateaubrun.

mémoire des frais payés à cette occasion par son
père (1).

Ces lettres patentes sont assez intéressantes au point
de vue de notre histoire locale et assez élogieuses à
l'égard des Clermont-Tonnerre pour que nous devions
les citer ici. Toutefois, avant d'en prendre connaissance,
on aimera sans doute à savoir dans quel esprit elles ont
été conçues et rédigées.

Le Maréchal, depuis la mort de son cousin Aynard,
des comtes de Clermont-Tonnerre de Bourgogne, arrivée en 1751, était devenu chef de sa maison. Comme tel,
il souhaitait de faire revivre, en sa faveur, le titre ducal
dont avaient joui autrefois et les Clermont et les Tonnerre. Mais, pour l'une et l'autre de ces maisons, au cours
des siècles précédents, ce titre était tombé en déshérence.
Le roi Charles IX avait bien pensé le ressusciter, en éri-
geant le comté de Tonnerre en duché-pairie, par deux
brevets, l'un du 1er mai 1571, l'autre du 10 juin 1572,
en faveur de Henri comte de Clermont, mais celui-ci
n'ayant pas fait enregistrer ces brevets, soit qu'il fût
mort avant d'avoir pu le faire, comme le dit Moréri,
soit qu'il se fût refusé d'accomplir cette formalité de
procédure, n'ayant voulu laisser à son fils ni le comté
de Clermont ni le titre qui y était attaché, ainsi que le
porte la généalogie manuscrite que nous avons entre
les mains, le titre, de ce chef, n'avait pu revivre.

Restait donc au maréchal de solliciter du roi la faveur
d'une nouvelle concession de titre. Mais, comme le roi,
tout en concédant le titre ducal au maréchal, désirait
lui conserver son nom et que, d'autre part, il ne pouvait
asseoir le titre ni sur le comté de Clermont ni sur celui
de Tonnerre, puisque le maréchal ne possédait ni l'un
ni l'autre, il résolut de l'asseoir sur le marquisat de
Vauvillers et, pour exécuter son plan, eut recours à
une combinaison, qui ne manque ni d'ingéniosité

---

(1) Nous publions ce mémoire en appendice.

ni d'originalité. On en jugera par la pièce elle-même
que voici :

« Louis, par la grâce de Dieu, roi de France et de
Navarre, à tous présents et à venir, salut.

« Considérant l'illustre naissance de notre très cher
et bien-amé cousin Gaspard, marquis de Clermont-
Tonnerre, maréchal de France, chevalier de nos ordres,
lieutenant général de notre province de Dauphiné, et
aussi les grandes et estimables qualités qui le distin-
guent, les services importants qu'il a rendus dans les
armées du feu roi notre très honoré seigneur et aïeul ;

« Considérant que des preuves si multipliées de valeur
et de prudence, vertus si nécessaires à un général d'armée, et que notre cousin réunissait à un si haut degré,
furent couronnées, le 17 septembre 1747, par sa nomination au grade de maréchal de France.

« Considérant qu'il n'a cessé, depuis cette époque
glorieuse pour lui, de donner, à l'exemple des grands
hommes de sa maison, de nouvelles preuves de son zèle,
tous, en effet, s'étant distingués encore plus par leur
valeur et leur vertu que par leur haute naissance comme
dès les premiers siècles dans la province de Dauphiné,
où elle jouissait de tous les droits et prérogatives attachés à la souveraineté ;

« Considérant l'éclat de l'alliance et de la parenté
qu'a cette famille avec notre auguste maison et les
princes de notre sang, par Robert de France, sixième
fils de saint Louis ;

« Considérant la satisfaction que nous ressentons
des services de notre dit cousin, le maréchal de Clermont-Tonnerre ; le zèle et la distinction avec lesquels
il a rempli les fonctions importantes de la charge de
connétable de France à la cérémonie de notre sacre ;

« Nous avons déterminé d'ajouter aux grâces et aux
honneurs qu'il a si bien mérités, un titre qu'il puisse
transmettre à sa postérité et que plusieurs grands hommes
de sa maison ont porté dès les temps les plus reculés.

« Voulant donc attacher ses descendants de plus en plus à notre Etat, par un nouveau lien de notre bienfaisance, nous avons résolu d'élever notre très cher et bien-amé cousin Gaspard, marquis de Clermont-Tonnerre, au titre et à la dignité de duc et pair de France, et d'asseoir cette dignité sur le marquisat de Vauvillers, appartenant à sa maison, une des plus belles et des plus anciennes terres de la province de Franche-Comté. Cette terre, mouvante de notre couronne, nous a paru d'autant plus disposée à soutenir le titre dont notre intention est de la décorer, qu'elle réunit tout ce qui peut en maintenir le lustre et la dignité ; puisqu'elle est composée d'un noble et ancien château, qu'elle possède un bailliage qui jouit de toute ancienneté des mêmes privilèges, prééminences et prérogatives que les bailliages royaux, connaissant de tous cas, même royaux, et ressortissant nuement au parlement de notre Comté de Bourgogne ; droits divers qui ont toujours été confirmés par différents arrêts et déclarations. ·

(Ici, nomenclature des villages qui composent la terre : nous l'avons donnée plus haut.)

« A ces causes et autres, à ce nous mouvant, de notre grâce spéciale pleine puissance et autorité royale, nous avons créé et érigé par les présentes signées de notre main, créons et érigeons lesdites terres et marquisat de Vauvillers, avec toutes les paroisses Bourg et villages qui en dépendent, ainsi que toutes les autres terres que notre dit cousin pourrait acquérir, dans la suite, aux environs, le tout situé dans notre province de Franche-Comté et appartenant à notre dit cousin Gaspard de Clermont-Tonnerre, en titre, nom, dignité et prééminence de duché-pairie de France.

« Voulant nous plaît que les dites terres ainsi érigées soient, dorénavant, *appelées duché de Clermont-Tonnerre, pairie de France, dont le marquisat de Vauvillers sera le chef-lieu et conservera néanmoins son nom particulier,* pour ne former qu'un seul corps de fief ;

4

et que notre dit cousin (ainsi que ses hoirs mâles et descendants de lui), propriétaire dudit duché-pairie des
Clermont-Tonnerre jouisse des nom, titre, qualité et
dignité de duc et pair de France, avec les honneurs,
autorité, rang, séance, privilèges, prérogatives, prééminence, franchise, liberté et autres droits qui appartiennent à la dite qualité et dignité, et dont les autres
ducs et pairs ont dû jouir de tous temps et ancienneté
en justice, juridiction, séance, dans notre cour de parlement de Paris et autres nos cours, pour y avoir voix
délibératrice en toute occasion, comme aussi dans les
assemblées de noblesse, faits de guerre et autres lieux
et actes de séance et de rang.

(Le reste est relatif à l'organisation de la justice dans
le ressort du duché nouvellement créé.)

« Donné à Versailles au mois de juin 1775.

« Signé : Louis » (1).

A la lecture de cette pièce, qui ne penserait, avec nous,
que tout le monde, en ce jour, dut être content ? L'acte
du roi, en effet, était, pour le maréchal, le couronnement
d'une brillante carrière ; pour ses enfants, la satisfaction d'une juste fierté ; pour les gens de la terre, la glori-
fication de leur seigneurie ; et même pour les habitants
de Vauvillers, une faveur spéciale, puisque leur bourg,
tout en devenant le chef-lieu d'un territoire qui chan-
geait de nom, conservait l'avantage de ne pas changer
le sien.

Le nouveau duc, toutefois, ne devait pas survivre
longtemps à cette apothéose. Il mourut à Paris le
16 mars 1781, à l'âge de quatre-vingt-treize ans. Il laissait
à ses quatre enfants, soit à Vauvillers, soit à Champlatreux, une fortune que nous voyons, d'après les pa-

---

(1) Extrait d'un registre des édits, déclarations et arrêts des parlements,
lettres patentes du roy...faisant règlement publiés au bailliage de Vauvillers, commencé le 22 août 1760, et continué jusqu'au 13 janvier 1783.
(Arch. départ. de la Haute-Saône, B., 3943.)

piers de l'abbé, en notre possession, évaluée à deux millions de livres. Il avait fait un légataire universel, sans doute son fils aîné ; de sorte que ses autres enfants ne reprirent de la succession que leur légitime. Mais sur la tombe de leur père, tous purent recueillir, ce qui vaut mieux que l'argent, le souvenir et l'exemple de toute une vie de mérites, de vertus et de féconds succès, qui furent pour leur famille un honneur comme ils avaient été pour le pays un bienfait.

V

Charles-Henri-Jules, duc de Clermont-Tonnerre
(1720-1794)

Au maréchal, mort en mars 1781, succéda, par ordre de primogéniture, son fils aîné, Charles-Henri-Jules, que dès lors, à bon droit, nous appellerons duc et pair.

Déjà nous avons pris contact avec lui; nous l'avons rencontré à Reims, aux côtés de son père, lors du sacre de Louis XVI. Mais nous allons, ici, faire plus ample connaissance avec lui.

Disons d'abord les titres sous lesquels nous le trouvons généralement désigné. Ce sont ceux de pair de France, de grand maître héréditaire des maisons du Dauphin, de connétable, de premier baron et commissaire-né des états de la province de Dauphiné, et de lieutenant-général commandant la dite province, mestre de camp de cavalerie et brigadier des armées du roi. Rappelons ensuite qu'il était né en 1720 et qu'il était fils du maréchal et d'Antoinette Pothier de Novion.

Il avait, en 1740, épousé Marie-Anne-Julie Le Tonnelier de Breteuil, fille de François-Victor Le Tonnelier de Breteuil, marquis de Fontenay, etc., chancelier de la Reine, ministre secrétaire d'Etat du département de la guerre, et de très haute et très puissante dame Mme Marie-Anne-Augustine Charpentier d'Ennery, son épouse. Par le contrat, établi en vue de ce mariage et signé des parties contractantes, les père et mère du futur s'engagent « à donner à leur fils la terre et le marquisat de Vauvillers avec les meubles qui seront dans le château au jour de leur décès, plus les terres et seigneuries de Ruaux, de Demangevelle, Hallaincourt et Montureux [sur-Saône], appartenant au dit seigneur père du futur époux. » L'acte indique que les père et mère tenaient par moitié cet avoir : la mère, de son apport à son contrat de mariage du 9 avril 1714, le père, de l'achat qu'il avait fait le 4 mars 1739 en vertu du jugement rendu par « MM. les commissaires députés par le Roy pour vendre les biens de la maison de la Vieuville (1) ».

Nous avons peu de détails sur la vie de ce seigneur à Vauvillers. Il paraît y avoir peu résidé. Se sentait-il attiré davantage par les attraits de la capitale ? Avait-il des fonctions qui le retenaient loin de la Comté ? Nous ne saurions le dire, mais nous sommes obligé de constater le fait. Au contraire, détail particulier, la mémoire des anciens a conservé le souvenir de la présence habituelle de la duchesse dans sa terre et, en même temps, celui de son affabilité et de sa bienfaisance. Nous avons même recueilli que volontiers on l'eût plainte de la voir obligée, croyait-on, de demeurer à Vauvillers parce que ses ressources ne lui permettaient pas d'habiter Paris et encore moins de figurer à la cour (2)

Toujours est-il qu'il se présenta bientôt une douloureuse circonstance, où l'on dut vivement regretter qu'elle n'eût pas son mari auprès d'elle, à Vauvillers, précisément le jour où elle aurait eu le plus besoin de secours et d'appui.

C'était au lendemain de la prise de la Bastille. Les paysans de Franche-Comté, sous l'impulsion des passions révolutionnaires, se portaient aux derniers excès. Pour parler seulement de la région comprise entre la Saône et les Vosges, Quincey, en détruisant la demeure de son seigneur M. de Mesmay, venait de donner à la France

____

(1) V. Arch. dép. de la Haute-Saône, B. 4129. Rég. 1763-1790.

(2) Est-ce là une légende ? On le croirait volontiers, car en 1775, la terre de Vauvillers rapportait 600 paires. Avec le rendement des bois, le revenu annuel était d'environ 60.000 francs. Et de plus la succession du maréchal était appréciable.

le signal de la guerre aux châteaux (1) ; Scey-sur-Saône molestait sa châtelaine, la princesse de Listenois (2); Saint-Remy menaçait le castel de la princesse de Broglie, née de Rosen, et obligeait celle-ci à réclamer l'aide des chasseurs de Vesoul, pour la protéger contre l'émeute. A Luxeuil les bourgeois et mainmortables étaient également excités. A leur tour, ceux de Vauvillers voulurent avoir leur journée ; ils l'eurent le 25 juillet 1789. Nous pouvons en donner les détails exacts, ayant sous les yeux le procès-verbal des faits dressé, deux jours après, par les échevins du lieu (3).

Ce jour-là, dès 8 heures du matin, arrivent, au bourg, environ 800 hommes, des communautés vosgiennes de Gruey, Grand-Rupt, la Haye, Surance, Hatrey, Harsaut, Haut-Mougey, Ambiévillers, tous armés de fusils,

(1) Le 19 juillet 1789, le village de Quincey fut le théâtre d'un événement, qui, porté bientôt à la tribune nationale, fit grand bruit dans la France entière et qui devint comme le signal de la guerre aux châteaux. On venait de célébrer à Vesoul, par des réjouissances populaires, la rentrée de Necker au ministère. Un rassemblement nombreux, sorti de la ville, arriva, dans la soirée, devant le château de Quincey. On voulut mettre ses vastes caves à contribution. Le seigneur, Jean-Antoine-Marie de Mesmay, était absent. Toutes les provisions qui se trouvaient chez lui furent néanmoins distribuées à la multitude, mais, tandis que l'on se livrait dans la cour, et dans les jardins, aux éclats de la gaîté la plus bruyante, trois militaires de la garnison de Vesoul visitèrent, une chandelle à la main, les dépendances du château. Ayant pénétré dans une pièce où se trouvait déposé un baril de poudre, ils en approchèrent la lumière ; et, victimes de leur avidité, ils sautèrent avec une partie du bâtiment. Cet accident fut présenté comme le résultat d'un guet-apens, le peuple se vengea par le pillage et l'incendie du château neuf, et par la démolition du vieux château ; et le 25 juillet, l'Assemblée nationale décréta que son président se retirerait par devers le roi, pour le supplier d'ordonner la punition de l'auteur de cet *horrible forfait.* Une instruction judiciaire démontra pleinement l'innocence de M. de Mesmay ; il fut établi que le baril de poudre était destiné, non à faire périr quelques malheureux, mais à faire jouer la mine pour des constructions depuis longtemps en projet. (*Dict. des communes du département. de la Haute-Saône*, Suchaux, Vesoul, 1866.)

(2) Le château de Scey-sur-Saône, que plusieurs historiens de la Révolution française disent avoir été détruit par les paysans révoltés au lendemain du 14 juillet, en réalité, fut victime d'un incendie fortuit, quand l'Etat, après l'avoir mis sous séquestre, en avait fait un hôpital.

(3) V. aux arch. munici. de Vauvillers, procès-verbal du 27 juillet 1789.

de pistolets, de fourches, de tridents, de pieux ferrés
aux deux bouts. Ils courent droit au château et demandent avec insistance et menaces la duchesse, qui, affo-
lée, s'était cachée derrière les fagots dans une dépendance
de sa maison. Avertis par ce tumulte, les échevins arrivent en hâte et cherchent à apaiser ces forcenés, leur
représentant, avec calme, que leur attitude à l'égard
des personnes de leurs seigneurs ne peut être autre que
celle qu'imposent la justice et la convenance ; et que, à
l'endroit de leurs revendications administratives, ils
doivent s'en remettre à l'intelligence et au zèle de ceux
qu'ils ont députés aux états généraux. Ils ajoutent,
pourtant, que, si malgré ces sages observations, ils persis-
taient dans leur attitude menaçante, ils trouveraient,
en face d'eux, une énergique résistance, fortifiée de toutes les armes que les habitants ont à leur disposition.

Ces paroles ne les ayant pas convaincus, ils s'empa-
rent, sans tarder, d'une caisse-tambour et, avec elle,
parcourent toutes les rues, en annonçant à grands cris
que si les habitants ne s'assemblent pas, dans le délai
d'une heure, pour détruire le château, le bourg lui-même
sera incendié. Comme les habitants ne répondent pas à
cet appel, malgré la menace qui l'accompagne, les insurgés attaquent tous ceux qu'ils rencontrent et s'en
prennent même aux maisons du lieu, spécialement à
celles des personnes attachées à l'administration seigneuriale ou au gouvernement royal (1), et surtout au
château. Là, ils brisent les meubles, culbutent et dé-
foncent les tonneaux, boivent ou emportent vins et
liqueurs, dévastent les archives, pensant ainsi détruire

(1) Les maisons qui furent surtout dévalisées sont celles du sieur Bau-
dot, procureur fiscal du bailliage de Vauvillers, contrôleur des actes ;
celle du sieur Mottet, notaire royal, greffier du bailliage de Vauvillers ;
celle du sieur Viard receveur du fermier général du duché ; celle du procureur Roy ; celle du sieur avocat Dubuisson ; celle du sieur Pernet ; celle
du sieur Renaudot receveur des fermes du roi ; celle du procureur Patzuis ;
celle de M. Maire de Bouligney, conseiller au parlement de Besançon ;
celle du sieur Dam.

leurs titres de servage, cassent les vitres des croisées et les tuiles de la toiture, où même ils placent une paillasse, que, heureusement, ils ne réussissent pas à allumer.

Il était cinq heures du soir. Soudain arrive un détachement de chasseurs, venu de Saint-Remy, où la princesse de Broglie, quelques jours auparavant, les avait demandés de Vesoul pour la protéger elle-même. Cette troupe amenait avec elle une voiture pour sauver la duchesse indignement molestée. Celle-ci put, en effet, sortir furtivement de sa cachette et fuir, grâce à ce véhicule. Nous croyons qu'elle se rendit à Luxeuil (1).

Elle partie, le désordre fut à son comble, la présence de la troupe n'ayant fait qu'exciter les émeutiers et enhardir les résistants. Bientôt ceux-ci se groupent ; d'autre part, les Vauvillerois se serrent autour des chasseurs ; les fusils partent ; les armes blanches se croisent; une vraie bataille s'engage ; cinq hommes tombent; beaucoup sont blessés; dix-huit sont faits prisonniers.

(1) M. Eugène Revillout, conservateur honoraire des musées nationaux, a laissé, dans quelques notes demeurées manuscrites, certains détails complémentaires de ce procès-verbal. Ils font honneur à sa famille. A ce titre nous nous plaisons à les consigner ici : « Dès que mon grand-père Revillout, dit-il, vit le château menacé, il y courut. Il n'y trouva plus de domestiques, tous avaient fui. Il ferma, comme il put, la porte d'entrée, se saisit des clefs des caves, qu'il ouvrit afin d'occuper les Vosgiens ; et chercha partout Mme de Clermont-Tonnerre. Il la trouva dans son château, se préparant à la mort. Ce fut à grand'peine qu'il la décida à se calmer. Pour cela, il la mena dans le bûcher, l'entoura de fagots, et tandis qu'on forçait les portes du château, il se rendit en courant, à travers champs, non sans avoir essuyé quelques coups de fusils, qui, du reste ne l'atteignirent pas, jusqu'à Saint-Remy, où il savait trouver les chasseurs envoyés de Vesoul à la princesse de Broglie. Ayant demandé à cette dernière qu'elle voulût bien lui céder un détachement de cette troupe, il eut le regret d'éprouver un refus. Mais, s'étant adressé directement au chef du corps, il eut facilement gain de cause, et, sans tarder, montant lui-même un cheval de la troupe, il revint avec les soldats et une voiture pour secourir Mme de Clermont-Tonnerre. A Vauvillers, on trouva la duchesse à demi morte, dans son réduit, on l'en tira, et elle fut ainsi sauvée. » (Arch. famil. de M. Eugène Revillout, à Vauvillers.)

Triste spectacle ! Un paisible village terrifié, son château saccagé, sa châtelaine en fuite, des blessés, des morts et des prisonniers. Du moins, au milieu de ce sanglant désordre, sachons faire honneur aux bourgeois de Vauvillers de leur fidélité à leurs seigneurs et de leur énergie à les défendre, dans leurs personnes, leurs domaines et leurs droits.

A la suite de cette échauffourée sanglante, et plus encore après la nuit du 4 août, qui ne tarda que de quelques jours, les Clermont-Tonnerre ne reparurent pas à Vauvillers. Le duc, retenu par ses fonctions ou ses affaires à Paris, ne sortit plus de cette ville. La duchesse, bientôt, fuyant la persécution, quitta la France pour la Rhénanie et l'Angleterre. Et l'ancienne seigneurie demeura vide de ses seigneurs.

Mais disons, avec une satisfaction mêlée d'orgueil, que, à Vauvillers, tous ceux qui de près ou de loin avaient eu des relations avec cette famille, officiers du bailliage, greffiers, tabellions, procureurs, percepteurs de dîmes et de redevances quelconques, anciens fermiers ou anciens serviteurs, trahissaient par leurs paroles leur tristesse et leurs regrets. Aussi ne s'étonnera-t-on pas que plusieurs d'entre eux aient entretenu avec certains membres de cette famille une correspondance épistolaire. On ne voulait plus se souvenir de l'échauffourée de 1789, sinon pour en décliner toute responsabilité et la reporter sur ceux qu'on appelait avec quelque aigreur « les Vosgiens ». On affectait, autant par tradition que par sympathie, et en dépit des récentes Lettres de Louis XVI, d'appeler les anciens seigneurs du titre de marquis et surtout on ne négligeait pas de dénommer comme autrefois l'ancienne seigneurie du vocable de Vauvillers, et non de celui de Clermont-Tonnerre, comme le portaient les nouvelles lettres patentes.

Ce fut avec une grande peine que, dès août 1792, on apprit que le jeune comte Stanislas de Clermont-

Tonnerre était tombé sous les balles du peuple de Paris, et, à la fin de 1793, que Gaspard-Charles, fils aîné du duc Charles-Henri-Jules et mari de Louise-Adélaïde-Victoire de Durfort de Civrac, ministre de camp de cavalerie et gouverneur de Belfort, venait d'être fusillé à Lyon, par les émeutiers du jour.

Et cette peine ne fit que s'accroître encore quand on apprit, peu après, que l'ancien seigneur du lieu, le duc Charles-Henri-Jules, venait lui-même de succomber sous le couperet de la guillotine.

Resté dans Paris, sous la Terreur, espérant sans doute y demeurer inaperçu, il avait été découvert et écroué à la prison des Oiseaux, geôle installée dans l'ancien couvent des chanoinesses de Saint-Augustin, à l'angle de la rue de Sèvres et du boulevard des Invalides. C'est de là qu'il fut tiré, le 7 thermidor an II, pour être jugé. Nous avons le réquisitoire que, le même jour, Fouquier-Tinville prononça contre lui. En lisant ce factum, on jugera de la nature des griefs que fit valoir l'accusateur public du tribunal révolutionnaire :

« Clermont-Tonnerre, ex-duc, ex-lieutenant général des armées du tyran ; le servait dans tous ses projets liberticides. Il n'avait que trois fils, et il les a fait émigrer tous les trois. Tous ses autres parents sont aussi émigrés. Ainsi, il est bien démontré que cet individu est un conspirateur qui ne s'occupait que de la destruction de la liberté. Contempteur des lois et se croyant toujours au-dessus d'elles, il se faisait toujours appeler « Monsieur le Duc », malgré le décret prohibitif, et il voulait ne recevoir aucune lettre, si, sur la suscription, cette qualité ridicule ne se trouvait pas (1). »

On reconnaîtra vite la puérilité de ces accusations. Et cependant ce fut tout juste si la peine capitale

____

(1) Arch. nat. W 433 n° 972. Réquisitoire de Fouquier-Tinville contre 30 accusés.

fut jugée suffisante pour expier semblables forfaits.

Jusqu'au 23 prairial, la guillotine avait fonctionné sur la place de la Révolution, forçant, de la sorte, ses victimes à venir la trouver le long de la rue Saint-Honoré, très populeuse, et, dans ce temps, très brillante. Le 23, il fut décidé qu'on n'exécuterait plus désormais que sur la place du Trône et qu'on ferait les inhumations non loin de là, dans le jardin des chanoinesses de Saint-Augustin de Picpus, ce qui eut lieu, en effet. C'est alors que viennent s'entasser dans le sombre jardin, de pleines charretées, qui déversent pêle-mêle, au taux de 40 ou 50 cadavres par jour, environ 1.307 victimes de la hache révolutionnaire.

En parcourant la liste récemment publiée de ces victimes, on croirait lire tout l'armorial de France. A remarquer pourtant que, à côté de ces noms illustres, il s'en trouve de bien obscurs. Les terroristes, dans leur aveuglement farouche, ne se donnant plus la peine de juger, se contentaient d'appliquer, à chaque cas, la loi des suspects. Aussi à tel jour, la charrette des condamnés conduit-elle à l'échafaud des gens de toutes conditions, dont le tombereau du fossoyeur porte les cadavres au charnier de Picpus. Ici, en effet, le 8 thermidor, on voit arriver un amalgame de 52 victimes : un ermite, un avocat, une comédienne, plusieurs curés, un épicier, un colonel, une femme de chambre, un évêque et aussi une princesse de Chimay, les deux frères de Crussol d'Amboise, une Grammont (Gramont d'Ossun) « dame d'atours de l'infâme Antoinette », un Clermont-Tonnerre (1).

Ce Clermont-Tonnerre, c'était le dernier seigneur de Vauvillers, porté, par ailleurs, sur la liste des 1.307 décapités de Picpus, avec cette mention qui, l'identifie sans conteste : « Du 8, Clermont-Tonnerre (Jules-

____

(1) *Le jardin de Picpus, les pèlerinages de Paris révolutionnaire*, par G. Lenôtre, 1 vol. in-8°. Paris, Perrin, 1928.

Charles-Henri, duc de), ex-lieutenant général, 74 ans (1).»

Une journée de plus, et deux charretées de moins, et il était sauvé. Le 9 thermidor eut lieu la dernière exécution, avec le dernier convoi funèbre. Ce 8 thermidor était le 25 juillet 1794.

(1) *Ibid.* page 193. —Il est intéressant de savoir que, au lendemain de la Révolution, à l'initiative de Mmes de Montaigu et de la Fayette, nées de Noailles, se constitua une société qui acheta la fosse commune des victimes de la place du Trône et les terrains qui l'avoisinaient. C'est ainsi que, aujourd'hui encore, nous voyons, sur cet emplacement, une chapelle expiatoire et, autour d'elle, toutes marques du pieux respect que l'on doit à ces restes funèbres. La société, qui se compose surtout des descendants des décapités d'alors, se conserve le droit d'inhumer dans le cimetière qui a été créé les membres des familles qui font partie de ladite société. (*Ibidem.*)

VI

Les Clermont-Tonnerre
et le démembrement de la terre de Vauvillers

La seigneurie de Vauvillers, en tant que terre féodale, n'existait plus. Elle avait succombé dans la nuit du 4 août 1789. Mais en tant que possessions territoriales, elle existait toujours et demeurait aux mains de ses anciens propriétaires.

Une partie de leurs biens, sans doute, avait été confisquée par l'Etat, en vertu du décret relatif aux biens des émigrés. Nous n'avons pas pu déterminer, au juste, quelle part de ces biens avait été confisquée par l'Etat et vendue par autorité gouvernementale. Du reste, il ne nous paraît pas important de le savoir au point de vue qui nous occupe. Qu'il nous suffise de connaître que le château et ses dépendances, ainsi qu'une notable partie des possessions territoriales, demeurait propriété de ses anciens maîtres ou de leurs héritiers.

Le dernier seigneur, Charles-Henri-Jules, mort sur l'échafaud le 7 thermidor, avait eu deux fils. L'un, l'aîné Charles-Gaspard, qui était né à Paris le 28 juillet 1747, avait épousé Louise Adélaïde-Victorine de Durfort de Civrac le 28 juin 1667, était mestre de camp de cavalerie et gouverneur de Belfort et, au témoignage de son petit-fils, mourut huit mois avant son père, sous les balles des émeutiers de Lyon (fin 1793) ; l'autre, le cadet, Gaspard Paulin, fera souche ailleurs.

Charles-Gaspard, à son tour, eut un fils, Jules-Gaspard-Aynard, qui épousa, en premières noces, N. de Bruc, puis, en deuxièmes, Victoire de Sellon, et mourut sans héritier en 1837. Comme, par hérédité, il possédait les propriétés restant de Vauvillers et le titre ducal qui y avait été attaché par les patentes de Louis XVI, il est naturellement curieux de savoir ce que devinrent et ces diverses possessions et ce titre ducal. Des propriétés, le château seul a quelque intérêt.

On se rappelle quand ce château a été construit, par qui il a été bâti et on sait comment il fait honneur et à celui qui l'a édifié et à la localité dont il est la juste parure. C'est la commune qui l'acheta, en vertu d'une délibération du 22 septembre 1822, et d'un contrat du 22 octobre 1823. L'une et l'autre doivent être mentionnés (1).

La délibération mentionne que le Conseil municipal, dans sa séance extraordinaire du 22 septembre 1822, prend connaissance d'une commission, de M. le duc de Clermont-Tonnerre, de vendre, à la commune, les deux ailes du château avec la cour qui les réunit pour la somme de 15.000 francs ; et, si elle veut acquérir l'ancienne tour des prisons, de la lui vendre moyennant une nouvelle somme de 6.000 francs... « Ayant délibéré sur ces propositions, dit l'acte, et considérant que d'une part M. le duc de Clermont-Tonnerre vient ainsi de fournir une nouvelle preuve de ses bontés pour la commune en lui donnant sur tous autres la préférence pour l'acquisition de son château, la commune est d'avis d'adhérer à la dite proposition. »

L'acte de vente, du 22 octobre 1823 est ainsi libellé :

«... A comparu M. Isidore Doillon, docteur en médecine et maire de la commune de Vauvillers, lequel a dit que,

____

(1) V. ces deux actes aux arch. municip. de Vauvillers.

depuis plusieurs années, la commune de Vauvillers désirait faire une acquisition qui puisse lui fournir les
moyens de réunir, dans un même local, la mairie, la
justice de paix, l'école publique, la gendarmerie et
autres établissements utiles, avait proposé à M. le duc
de Clermont-Tonnerre de lui acheter les deux ailes de
bâtiments appelés vulgairement le château de Vauvillers, ainsi que la cour.

« Que le duc de Clermont-Tonnerre, renonçant aux
projets qu'il avait formés, de donner à ces bâtiments
une destination particulière et voulant fournir à la
commune de Vauvillers une preuve des sentiments que
lui ont toujours portés ses ancêtres, a obtempéré à sa
demande.

« Que la commune, après avoir rempli, auprès de
l'autorité supérieure, les formalités exigées par le roy,
en son conseil d'Etat, et stipulées par son ordonnance
du 2 avril dernier, laquelle autorise ladite commune
de Vauvillers à faire l'acquisition des objets dessus
indiqués, moyennant le prix porté en ladite ordonnance;
est d'avis de poursuivre la dite acquisition

. . . .

« En conséquence, a comparu le sieur Claude-Fran-
çois Viard, ancien juge de paix, demeurant en ladite
commune de Vauvillers, lequel, au nom et comme nanti
de la procuration générale et spéciale de M. Jules-
Gaspard Aynard, duc de Clermont-Tonnerre, pair de
France, maréchal des camps et armées du roi, commandeur de l'ordre royal de la légion d'honneur, chevalier de l'ordre royal et militaire de Saint-Louis et de
celui de Saint-Jean de Jérusalem, demeurant à Paris,
rue Saint-Dominique, n° 90, vend à ladite commune de
Vauvillers :

« Les deux grandes ailes de bâtiments appelées le
château de Vauvillers et le terrain ou cour sur lesquels

elles sont situées, le tout contenant environ 53 ares... La vente a été faite au prix de 15.000 francs. »

Dans l'acte, le duc réserve qu'il n'entend vendre ni la tour des prisons, ni certains terrains spécifiés par lui. Et, de plus, il mentionne, chose importante à retenir, qu'il agit en qualité d'héritier, sous bénéfice d'inventaire, de Jules-Charles-Henry duc de Clermont-Tonnerre, son aïeul (1).

LA CESSION DES PROPRIÉTÉS TERRIENNES ET DU TITRE DUCAL

Le château étant ainsi vendu, le duc gardait ses terres ; mais il semblait s'en désintéresser. Comme il n'avait pas d'enfants, elles ne lui offraient plus qu'un médiocre attrait. Du reste, ayant pris femme en Piémont, il y habitait alors et s'était fixé à Turin. Il n'avait plus avec Vauvillers que des relations épistolaires qu'il entretenait avec certaines familles.

Toutefois, le jour vint où il dut déterminer le sort de ses dernières possessions seigneuriales. Il le fit par avance dans son testament. Il y régla que, à défaut d'héritiers directs, il laissait la totalité de ses biens de Vauvillers à sa femme, Victoire de Sellon (2).

Quant au titre ducal, qui y était attaché, il le léguait, par le même acte testamentaire, à son oncle Gaspard-

---

(1) Le duc de Clermont-Tonnerre, vendeur, avait renoncé à la succession de son père, M. Charles-Gaspard de Clermont-Tonnerre, décédé huit mois avant son frère Jules-Charles-Henry, duc de Clermont-Tonnerre, dans la succession duquel il n'avait par conséquent, aucun droit.

(2) Il ne sera pas sans intérêt d'apprendre que Victoire de Sellon, nouvelle propriétaire des biens de Vauvillers, étant elle-même sans enfants, légua ces biens à sa sœur la marquise de Banso-Cavour, qui les transmit à ses fils les marquis et comte de Cavour. Ce dernier était le célèbre ministre italien.

Paulin de Clermont-Tonnerre et le fit entrer ainsi dans
la branche des Clermont d'Ancy-le-Franc, lesquels
devinrent, au jour de sa mort, en 1837, les représentants
de la branche aînée de leur maison et les titulaires du
titre ducal de la famille.

Telle est la fin de cette terre féodale, qui a porté,
soutenu, nourri, et parfois défendu ses seigneurs et qui,
à ces titres divers, mérite bien un souvenir.

Avant de la quitter, nous voulons saluer ceux qui
l'ont habitée autrefois et ceux qui l'habitent aujourd'hui.

Nous accorderons d'abord notre profonde estime et
notre respectueuse sympathie à ces seigneurs qui, au
cours de notre étude, se sont révélés à nous, dans leurs
diverses carrières, comme les meilleurs serviteurs de
leur pays et surtout à ceux d'entre eux qui, aux jours
néfastes de la Révolution, sont tombés sous les balles
des émeutiers ou sous le couperet de la guillotine,
nobles victimes des grandes causes qu'ils avaient dé-
fendues toute leur vie. Et, en leur rendant cet hommage,
nous nous rappellerons avec fierté que c'est dans le
sol de la Comté qu'ils ont puisé la sève qui les a faits
ce qu'ils ont été.

Nous adresserons ensuite aux anciens clients de cette
seigneurie nos félicitations émues, pour les sentiments
de déférence qu'ils ont généralement professés à l'égard
de leurs seigneurs. Nous avons, en effet, recueilli avec
piété et les suffrages de ces nombreux sujets de la terre
qui faisaient corps avec leur famille ducale ; et l'attachement de ces dévoués serviteurs qui, lors de l'émigration, ne voulant pas se séparer de leurs maîtres,
continuèrent de les servir jusque dans l'exil ; et l'affectueux respect de ces habitants du bourg, qui, par la
plume de l'un d'eux, dans sa notice historique de 1774,
proclamaient qu' « il fait bon vivre sous l'autorité des
Clermont-Tonnerre » (1), et le généreux dévouement de

______

(1) V. Mottet, not. histor. m. s. Arch. dép. de la Haute-Saône, n° 4080.

ces bourgeois et échevins qui, au lendemain de l'échauffourée sanglante de 1789, tinrent à signer une déclaration de loyalisme à l'égard de leurs seigneurs.

Enfin, nous tournant vers les Vauvillerois de la génération actuelle, nous nous permettrons de leur adres-
cer ce mot : Souvenez-vous. Souvenez-vous que ce sont
vos anciens seigneurs qui ont bâti ce château, devenu
aujourd'hui le palais de votre vie civile ; que ce sont eux
qui ont édifié cette église, centre de votre vie religieuse ; que ce sont eux qui, par leurs sages mesures
administratives, ont fait la prospérité de votre pays ;
que ce sont encore eux, ou ceux qui ont voté avec eux,
dans la nuit du 4 août, qui ont contribué à vous rendre
ces franchises dont, à juste titre, vous avez lieu d'être
fiers ; que ce sont eux enfin qui, par leur notoriété familiale, vous ont permis, à vous-mêmes, de vous créer
une histoire.

DEUXIÈME PARTIE

LES CLERMONT-TONNERRE

à

LUXEUIL

DEUXIÈME PARTIE

LES CLERMONT - TONNERRE
à
LUXEUIL

L'Abbé J.-L. Aynard de Clermont-Tonnerre
(1724-1801)

I

L'Abbaye de Luxeuil en 1743

La vie des Clermont-Tonnerre en Franche-Comté ne se limitait pas à Vauvillers. Elle se déployait encore sur d'autres terrains et particulièrement à Luxeuil. En 1743, elle s'y affirmait, au parvis de l'abbaye, par la présence du procureur du comte Aynard de Clermont-Tonnerre, qui venait, au nom de son mandant, prendre possession du bénéfice, à titre d'abbé commendataire. Nous pourrions, dès maintenant, présenter le nouveau bénéficier, mais, auparavant, nous croyons devoir exposer, aux points de vue, moral, économique et matériel, l'état de la maison qui va être son apanage.

Sans doute, à cette époque, l'Abbaye n'était plus
ce qu'elle avait été lors de sa fondation par saint
Colomban (1), la grande métropole des Gaules ; l'asile
préféré des âmes éprises de recueillement, de mortification et d'avancement spirituel ; le rendez-vous
des hardis défricheurs de nos halliers et de nos forêts ;
le noviciat de nos évêques ; la pépinière de nos mis-
sionnaires et de nos apôtres et, par-dessus tout, la
mine féconde de nos saints. Sans doute encore, elle
ne possédait plus, dans ses murs, ces huit cents moines,
qui, à la fin du vi^e siècle et dans tout le suivant,
peuplaient son cloître et même, l'ayant débordé, avaient
essaimé et fondé celui de Fontaine. On n'y entendait
plus le *laus perennis*, qui, autrefois, retentissait, de jour
et de nuit, sous les voûtes de son église. Mais le souvenir même que nos religieux du xviiie siècle gardaient
de l'ancienne gloire de leur maison, le prix qu'ils y
attachaient, la juste fierté qu'ils en tiraient, étaient, à
leur actif, une première richesse morale.

Ils en possédaient une autre ; c'était le renouvel-
lement spirituel qu'ils tenaient de leur récente réforme
religieuse, réforme dont ils gardaient encore la bienfaisante impression. Rappelons, à ce sujet, qu'en 1633,
sous la sage impulsion de la princesse Isabelle-Claire-
Eugénie, infante d'Espagne et comtesse de Bourgogne,
dom Jérôme Coquelin, nommé, par elle, à la tête de cette
abbaye, avait promulgué l'abolition de la commende,
et imposé à ses moines la règle de la nouvelle congrégation bénédictine de saint Hidulphe et de saint Vanne (2). Cette réforme, à laquelle avaient adhéré aussi

----

(1) Saint Colomban, moine irlandais, fonda l'abbaye de Luxeuil en 590.

(2) La réforme de saint Vanne et de saint Hidulphe est la réforme que
s'étaient imposée les moines bénédictins de Saint-Vanne de Verdun et
de Saint-Hidulphe de Moyen-Moutier dans la première moitié du xviie siècle et dont la règle a été dès lors appliquée à tous les monastères bénédictins qui adhérèrent à cette réforme. Ceux-ci prirent le nom de Saint-
Hidulphe et de Saint-Vanne tandis qu'une autre branche du même ordre
prenait le titre de Bénédictins de Saint-Maur.

l'abbaye de Saint-Vincent de Besançon et celle de Faverney, avait produit à Luxeuil, sous les abbatiats réguliers du réformateur et de dom Jean-Baptiste Clerc, son successeur, les plus heureux effets. C'est ainsi que, malgré la fâcheuse reprise de la commende, qui s'y était faite dès la fin du xviie siècle, sous l'abbatiat de Jean-Baptiste de Bauffremont, nos religieux, grâce à la vigilante direction de leurs prieurs conventuels, avaient continué à pratiquer les vertus monastiques que leur avaient enseignées, de la voix et de l'exemple, les deux abbés réguliers qui avaient implanté parmi eux la réforme. Ce second apport, tout moral qu'il fût, était aussi une appréciable richesse.

A celle-ci encore s'en ajoutait une troisième et non de moindre valeur, nous voulons parler de ces savants et vertueux religieux dont les uns venaient de mourir et dont les autres vivaient encore, les premiers ayant laissé à leurs frères leur souvenir béni, les seconds leur offrant encore leurs vivants exemples. C'étaient : Dom Constance Guillo, qui mourait en 1730, mais dont le souvenir se perpétuait fidèlement après lui. Il avait été prieur de sa maison, en avait achevé les bâtiments claustraux et en avait écrit l'histoire (1) ; dom Benoît Dard, mort aussi depuis peu (1707), dont la mémoire était en vénération, qui avait enseigné la théologie avec grand succès, mais surtout qui avait profondément édifié ses frères par ses vertus et avait mérité, après sa mort, une sépulture d'honneur au transept de l'église monacale ; dom Hilaire Coulon, qui, mourait en 1741, laissant après lui les notices biographiques de plusieurs des personnages marquants de son cloître ; dom François Pelletier, qui, vivant alors, se faisait par son travail et ses vertus un nom à Luxeuil ; dom Basile Payen, qui ne mourut qu'en 1756 et écri-

____

(1) V. *Hist. de Luxeuil*, par dom Guillo, in-fol. m. s. à la bibliothèque municipale de Vesoul.

vit de nombreux ouvrages, dont le principal est *La Bibliothèque séquanaise*, laquelle, bien que restée manuscrite, est très connue parmi nous (1).

Relatons enfin que le personnel de la communauté se
composait alors d'environ une trentaine de religieux,
tous fidèles à leur règle, dont quelques-uns se distin-
guaient par leur talent et leur érudition, et dont l'ensemble faisait honneur à la congrégation réformée.

Au trésor moral dont nous venons de parler, il fallait
joindre les avantages économiques du bénéfice. Pour
les préciser, disons que les ressources et les charges
de l'abbaye se partageaient entre l'abbé, d'une part,
et le corps des religieux, de l'autre, d'où résultait,
comme on disait alors, la distinction de la mense
abbatiale d'avec la mense conventuelle. Ce régime,
qui, à Luxeuil, datait du 20 janvier 1636 (2), se conti-
nuait au temps de commende renouvelée que nous
décrivons. En voici les conditions (3) :

La mense abbatiale comprenait :

La jouissance du palais abbatial et de ses dépendances, ainsi que d'un jardin à l'entrée de la Corvée.

La jouissance des bâtiments occupés par les Halles,
les greniers à grains, les greffes du bailliage, du tabellionage, de la gruerie des forêts, de la prison et du
logement du geôlier (le tout à l'entrée du monastère).

(1) In-4° ms. à la bibliothèque municip. de Vesoul.

(2) V. aux arch. dép. de la Haute-Saône, le traité de la division des deux
menses sous l'abbatiat de dom Jérôme Coquelin.

(3) Pour étudier les divers articles de la mense abbatiale et ceux de la
mense conventuelle, nous nous sommes servi du procès-verbal-inventaire
que dom Vautherot prieur et visiteur du couvent a dressé, le 25 février
1790. Ces deux menses, en effet, sauf quelques légers détails, dont du reste
nous avons tenu compte, se trouvaient déjà dans les mêmes conditions à l'époque dont nous nous occupons. Voir ce procès-verbal aux archives municip.
de Luxeuil L. 16 et registre des délibérations du corps municipal du 1er mars
1790 au 5 brumaire an IV, folios 2 et suiv., publié en appendice dans : *Etude
historique sur l'Abbaye de Luxeuil*, par H. Baumont. Luxeuil, Marcel Pat-
legay, 1891.

Le droit de collation des bénéfices prieuraux ou curiaux dans 17 localités, situées au diocèse de Besançon ou dans les diocèses voisins (1).

Le droit de nomination et d'institution de tous les officiers de justice, bailli, lieutenant du bailliage, procureur fiscal, greffiers, procureurs, notaires, tabellion général, garde-marteaux, maires, huissiers et gardes. Et, de plus, voici le compte des recettes et des dépenses.

Droits et revenus divers

1° Taxes à percevoir sur les fours et les boucheries de la ville 340

2° Droits casuels dans les affaires traitées au bailliage et au tabellionage 400

et à la gruerie des forêts 400

3° Rentaire du pré de la Bourgeline 1.600

4° Rentaire de celui de la Grange Barreau (2) 2.000

5° Et celui de deux moulins, pour mémoire.

6° Redevances, tailles, dimes, cens et généralement tous droits féodaux à percevoir dans 34 localités situées

Charges et dépenses diverses

1° Les charges foncières dans lesquelles entraient le don gratuit, les droits de gardienneté, l'allocation à Besançon pour la pension du collège, les portions congrues dues aux curés de Saint-Sauveur, d'Ailloncourt et d'Anjeux 4.777

2° Les pensions à la charge de la mense abbatiale au nombre de quatre 2.680

3° L'entretien et les réparations des bâti-

(1) Ces bénéfices sont : le prieuré de La Ferté ou Soyers, situé en Champagne, diocèse de Besançon ; celui de Saint-Thiébaud, situé à Jussey, diocèse de Besançon ; les cures d'Ailloncourt, Anjeux, Betoncourt, Godoncourt, Frotey-les-Vesoul, Mailley, Melincourt, Pomoy, Saulnot, Saint-Sulpice, Saint-Bresson et Villers, toutes les dites cures situées en Franche-Comté, diocèse de Besançon. Et, en Lorraine, celles de Conflans, Monthureux, Provenchères et les Thons.

(1) Cette ferme sera cédée à la mense conventuelle par arrangement de M. l'abbé de Clermont-Tonnerre en 1771.

hors Luxeuil (1) et dont la plupart font partie de la terre qui se compose de 24 villages (2).   8.000

7° Rentaires à tirer des 34 communautés indiquées au paragraphe précédent, y compris 500 poules, une par par feu, à 9 sols pièce.   25.752

8° Revenu brut des coupes annuelles de bois 2.000

9° Revenu annuel de la tondaison du quart en réserve. 1.200

10° A Salins, rente de plusieurs chaudières de sel, pour mémoire.

11° A Vesoul, revenus du moulin des Prés et d'un autre moulin dont il ne reste que les prés. Ensemble...   1.340

12° Indemnité reçue annuellement pour constructions ou réparations à la charge de l'abbé et dont le détail est indiqué d'autre part au chapitre des charges et dépenses 4.000

       Total 47.032

ments attribués à ladite mense, lesquels sont : le quartier abbatial et ses dépendances, les Halles, les bâtiments affectés au bailliage, au tabellionnage, à la gruerie, etc., de plus l'entretien et la réparation des chœurs et sacristies des églises de la terre, le tout évalué à 4.000

       Total 11.457

Balance

Recettes ......47.032 livres
Dépenses .....11.457 livres
Revenu net ....35.575 livres

(1) En voici la nomenclature : Abelcourt, Adelans, Ailloncourt, Ainvelle, Amblans et Velotte, Anjeux, Bassigney, Baudoncourt, Breuches, Breuchotte Briaucourt, Brotte, Cuve, Echenoz-la-Méline, Ehuns, Esboz-et-Brest, Froideconche, la Chapelle, la Pisseure, Mailley, Melincourt, Monthureux-sur Saône, Ormoiche, Pomoy et Velleminfroy, Raddon et Chapendu, Salins, Saint-Bresson, Saint-Sauveur, Saint-Valbert, Vaivre, Vanne, Vesoul, Villers, Visoncourt.

(2) V. en appendice les 24 villages de la terre de Luxeuil.

La mense conventuelle comprenait :

Droits et revenus divers

1º Jouissance des bâtiments claustraux, jardins et vergers, terrains d'environ quatre arpents et d'un revenu annuel de 300

2º Casuel perçu par la communauté pour présider aux fonctions paroissiales dans l'église de Saint-Martin 200

3º Droit de chasse et de pêche dans les forêts et rivières de Luxeuil et lieux circonvoisins 150

4º Cens à percevoir à Luxeuil, à Froideconche et à Saint-Valbert, pour mémoire ......

5º Récolte de l'étang de la Poche, précédemment transformé en pré 300

6º Produit des forêts sises à Luxeuil et dans ses environs, savoir celles du Banney, en partie, de Froideconche, de la Grange de l'hôpital, de la Chapelle, d'Ailloncourt et de Faucogney, le tout contenant 1.244 arpents 1.600

7º Rentes sises sur capital de 5187 livres confiées à la ville de Luxeuil 103

8º Récolte du pré du Vieil Etang 550

Charges et dépenses diverses

1º Dû annuellement pour pensions congrues au curé de Saint-Sauveur 500 livres, au curé de Mailleroncourt-Charette 1050, au curé de Jasney, 179 livres. 1.529

2º Dû pour don gratuit, décimes, vingtième et capitation 1800 livres 1.800

Pour gages des domestiques 1.800

Pour réparations à l'église, aux lieux claustraux 620

3º Dû pour entretien de 3 gardes 400

Pour la capitation des fermiers et des impositions de diverses forêts 200

4º Dû pour acquitter 725 messes basses, 40 messes hautes et divers services. Ensemble 4.631

Total 10.980

9º Produit du mou-
lin de la Poche et Jac-
quemet 2.080

10º Produit du pré
dit Etang des Bains..   350

11ºProduit de diver-
ses autres fermes, amo-
diations, cens et dîmes   5.193

12º Divers revenus
casuels non désignés..   565

13º Rentaires et re-
devances féodales à
percevoir dans 36 lo-
calités dont la plu-
part font partie de la
terre (1) 25.281
                       ─────────
                        36.672

Balance

Revenus divers   36.672 liv.
Dépenses diverses 10.980 liv.
                  ───────────
Revenu net ....   25.692 liv.

Reste encore à fixer le théâtre où doit se déployer
la vie de l'abbé et celle de ses religieux. Nous voulons
parler des batîments claustraux.

Lorsque, en 1636, Jérôme Coquelin reçut l'abbatiat
des mains de l'infante Isabelle-Claire-Eugénie, il
ne l'accepta qu'avec le dessein de réformer les religieux
et de rebâtir leur cloître. Réformer les moines? Nous
avons vu comment il l'a fait. Pour reconstruire les
bâtiments du monastère, il s'y prit avec le même tact.

Ayant envisagé que, des constructions existantes, il
pouvait conserver l'église, le cloître, le palais abbatial,
la chapelle Notre-Dame et les maisons adjacentes, il
résolut de maintenir ce bloc sans y toucher et de réédi-
fier tout le reste. L'œuvre nouvelle s'étant ajoutée à

(1) Ces communautés étaient : Abelcourt, Anjeux, Annegray, Bassigney,
Baudoncourt, Bithaine, Breuches, Briaucourt, Brotte, Charmes et Charente-
nay, Colombe-les-Bithaine, Ehuns, Esboz-et-Brest, Froideconche, Gémonval
et La Chapelle, Godoncourt, Héricourt, Jasney et Girefontaine, La Chapelle-
les-Luxeuil, la Neuvelle sur l'Ognon, la Proiselière, le Parfonrupt, Mailley,
Melisey, Neurey, Ormoiche, Pomoy, Saint-Bresson, Saint-Germain, Saint-
Sauveur, Saint-Valbert, Salins, Saulx, Vaivre, Villers, Visoncourt.

l'ancienne, voici la description de l'une et de
l'autre.

A la partie haute de la place de la Baille, s'alignaient,
sur un seul front, trois hôtels familiaux qui, bien que
ne faisant pas corps avec le monastère, y étaient cependant affectés à certains égards et, par là, méritent au
moins d'être ici nommés. Le premier, précédé d'une
cour fermée par une grille et bâti au début du xviiie siècle. était l'hôtel familial des Breton d'Amblans, dont
un membre sera bientôt intendant de la mense abbatiale pour le futur abbé. Le deuxième, qui se signa-
lait alors, comme il le fait encore aujourd'hui, par sa
façade à colonnes d'ordre dorique, ionique et corin-
thien, était occupé par la famille noble Pusel (qui
portait les noms terriens de Ainvelle, Servigney et
Boursières) et le sera bientôt par les Ferrier du Chatelet, attirés ici par l'alliance du général de ce nom
avec la famille Damedor de Mollans. Ce général jouera
un rôle dans les derniers jours de l'abbaye.

Enfin, le troisième hôtel, celui en coin de la place, et qui
se rattache plus intimement au monastère, offre par son
caractère architectural un intérêt particulier. Il a été bâti
par un membre de la famille Thiadot, qui a signé son
œuvre en plaçant à la base des deux pieds-droits de la
porte cochère les armes de sa famille (1), et l'a datée
en inscrivant l'année de sa bâtisse, 1576, sur une des
consoles du balcon de la cour intérieure. Cet élégant
petit hôtel, avec sa tour crénelée, ses gargouilles fine-
ment taillées, ses fenêtres aux arcatures surbaissées et
fleuries, nous paraît un chef-d'œuvre de l'art. Il
passa, par alliance, des Thiadot aux Clerc, dont l'un,
le frère de l'abbé, était bailli au xviie siècle, d'où l'ap-
pellation de « maison du bailli », que cet hôtel a gardée
jusqu'à nous.

_____

(1) Armes des Thiadot de Luxeuil : *écartelé de sable et d'argent, à un
croissant d'argent sur le sable.*

La maison du Bailli

A peine séparées de cette rangée de maisons par une rue
étroite se trouvaient certaines annexes du monastère,
c'étaient : les halles, immeubles du monastère où se vendaient les grains et auxquelles étaient attenantes les salles
où se conservaient les denrées et celles où se gardaient
les archives et greffes du bailliage, du tabellionnage et
de la gruerie des forêts ; puis venait la prison, annexe
nécessaire d'un bailliage et d'une fiscalité, et qui comprenait aussi le logement du geôlier. A la suite des halles
et de la prison se trouvait un cimetière rempli de croix
de bois, et muni à sa porte d'entrée d'une petite
tour à lanterne qui intriguait parfois les Luxoviens
et dont on allumait le phare à certains jours. C'était
une lanterne des morts, édicule rare dans nos pays
de l'Est, mais assez répandu en Bretagne. Respectable
par son antiquité, par sa forme, par son rôle, elle était
à la fois un souvenir mortuaire, un phare de réjouis-

sance et le plus souvent un fanal de direction à l'entrée du monastère.

Enfin, en arrière de cette façade, se dressait la vaste chapelle de Notre-Dame, bâtie en 1404, par l'abbé

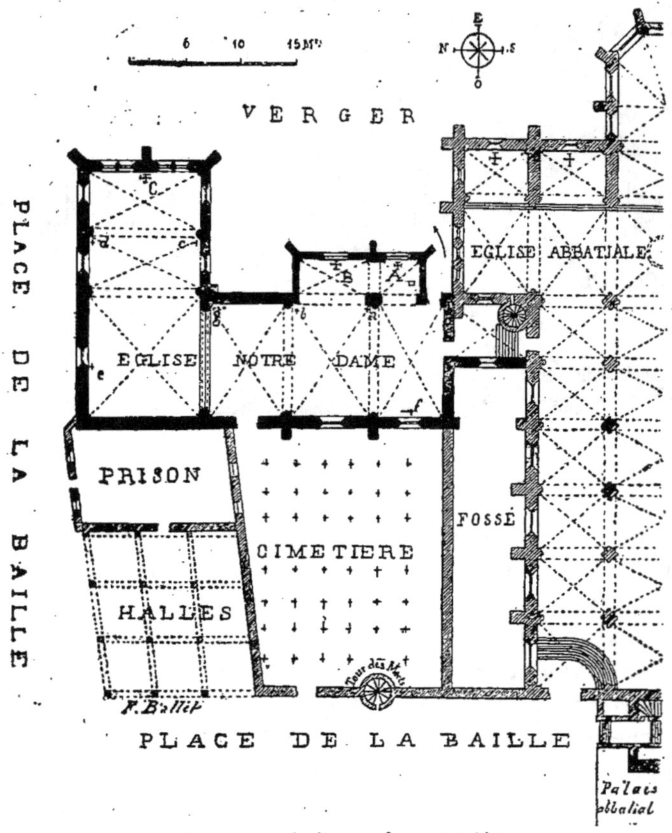

Annexes extérieures du monastère

Guillaume de Busseuil, perpendiculairement à l'église abbatiale et communiquant directement avec elle. De nombreux autels la meublaient et de plus nombreuses tombes d'abbés, de moines et de notables luxoviens, en faisaient l'ornement. Son chevet, brisé à angle droit,

se retournait au levant pour se donner un maître-autel
orienté (1).

La lanterne des morts

(fac–simile d'un dessin du docteur Vinot 1710) (2)

(1) De ces divers immeubles, il ne reste rien aujourd'hui. La chapelle
Notre-Dame, dès 1782, avait été démolie, ainsi que le cimetière qui l'ac-
compagnait, pour donner un jardin à l'abbé de Clermont-Tonnerre. Les
Halles, ainsi que les salles destinées aux services de la justice ou de l'administration baillivale ont été détruites à la Révolution, ce qui permit
de créer, sur leur emplacement, une rue passant le long de l'église et se
dirigeant vers la campagne ; enfin, d'édifier une école qui prit à peu près
les dimensions de la chapelle de Notre-Dame.

(2) Extrait d'un mémoire m.s du D.r Vinot, chez M. Boisselet à Vesoul.

Façade nord du monastère

Si, détachant nos regards de cet ensemble, nous les portons en face de nous, nous trouvons d'abord le palais abbatial, qui fait la façade d'honneur de l'abbaye. Planté sur un rez-de-chaussée surélevé, au palier duquel on accède par un escalier à double rampe de fer forgé, il se présente, avec élégance et une noble allure. Il avait été bâti, vers 1550, par François Bonvalot, abbé de Saint-Vincent de Besançon, oncle du cardinal de Granvelle et commendataire de Luxeuil. Au temps que nous décrivons, le palais avait encore ses formes architecturales primitives et offrait, dans les moulures de ses tailles, dans les dispositions de ses fenêtres, tous les caractères du xvie siècle.

Entre le quartier abbatial et l'église du couvent, s'offrait un petit portique qui avait été construit à la fin du xviie siècle par Dom J.-B. Clerc et formait la principale entrée du monastère.

Par cette porte, ménagée sous le grand clocher du xvie siècle, descendons dans l'intérieur du monastère ; et là, après avoir donné la réplique au *benedicamus* du frère portier, hâtons-nous de passer dans l'église, dont les marches d'accès se présentent immédiatement à nous.

En entrant dans l'édifice, comment n'être pas saisi par l'ampleur de ses dimensions, par les justes proportions de chacun de ses membres, par la disposition de son abside profonde, flanquée à droite et à gauche de deux chapelles orientées ; par l'ampleur de son transept ajouré d'étroites lancettes ; par l'harmonieuse union de ses trois nefs, dont la centrale est munie d'un triforium ajouré. Cette église, dans laquelle on peut retrouver quelque trace ou quelque réminiscence de l'édifice roman qui l'a précédée, fut reconstruite au xive siècle (1330-1345) et maintenue, jusqu'à présent, dans son dernier état.

Le dessin que nous en donnons indiquera suffisamment son architecture et son style (1).

Fenestrelle romane
(Collatéral sud.)

Élévation d'une travée de la nef

Chapiteaux de transition
(Collatéral nord.)

De l'église, passons au cloître, l'ancien *atrium* des

(1) Voir pour plus de détails : *Eglise abbatiale de Luxeuil*, monographie
par M. le chanoine de Beauséjour, ancien curé de Luxeuil. 1890, Imp. Jac-
quin, Besançon, 1 vol. in-8°.

Romains, le centre de la maison, l'endroit où les moines
déambulent, où ils méditent, où ils rêvent, où ils prient,
où ils se récréent. Ici il formait un vaste quadrïlatère
bâti hors d'œuvre, enveloppant une cour plantée, dans
laquelle le soleil entrait par le côté du midi, resté in-
demne de bâtiments lui obstruant l'air et la lumière.
Le dessin que nous en présentons permettra d'en juger

Le cloître (côté nord)

toute la valeur. On y voit son toit se détacher en
relief sur le mur du palais abbatial et s'incliner pour
venir appuyer sa sablière sur une forte corniche suppor-
tée elle-même par de vigoureux corbeaux. Ses murs de
façade sont percés par de larges arceaux en tiers-points.
dont chacun est meublé detrois fenestrelles à plein cintre,
formées par des colonnes jumelles, et surmontées d'une
rosace trilobée, le tout posé sur un bahut de pierre,

montant à hauteur de ceinture. Chaque travée est séparée
de sa voisine par un puissant contrefort.

C'est ainsi que, autrefois, le cloître se composait sur
ses quatre faces. Hélas ! pourquoi faut-il que de toute
cette série de travées nous n'en ayons plus qu'une
seule intacte (1) ! On comprendra le soin que nous met-
tons à reproduire par la gravure cet intéressant et
unique témoin du passé.

De la cour du cloître on passait par un large couloir
muni d'un escalier, dans une nouvelle cour appelée
la cour basse qui était destinée aux services domestiques
de la maison et communiquait, par une large porte cochère avec la rue principale de la ville. Cette cour desservait trois bâtiments, celui du nord qui renfermait la
bibliothèques, celui du levant, qui renfermait le réfectoire et les chambres des hôtes, celui du midi qui renfermait les greniers et les dépendances agricoles.

La bibliothèque à elle seule mériterait un article
spécial. Cette étude n'entrant pas dans notre plan,
nous nous contenterons de dire qu'elle occupait les
deux étages supérieurs du bâtiment qui sépare le cloître
de la cour basse. Cette vaste salle, qui, du reste, ne
renfermait déjà plus les richesses littéraires qu'elle

(1) Un côté entier du cloître, celui du midi, a été détruit en 1790 par
la municipalité luxovienne, pour pénétrer dans la cour intérieure, et pour
faire de cette cour et de celle qui la précédait une seule et même place
publique telle qu'on la voit aujourd'hui. Ce cloître fut reconstruit à trois
reprises différentes dans l'intervalle de cinquante ans. La galerie du nord
fut refaite la première. Guillaume de Busseuil (1382-1416) la reconstruisit
en même temps qu'il réédifiait l'église de Notre-Dame (1404) et à deux
de ses voûtes, il plaça ses armes. La galerie de l'Est fut l'œuvre de l'abbé
Pierrexi de l'Isle (1424-1427), qui signa aussi de son blason les clefs de ses
voûtes. Enfin, la galeries du midi et de l'ouest furent bâties par Guy Brif-
faut (1431-1449) dont les armes se lisent aux voûtes des deux travées extrê-
mes, de celle du nord et de celle de l'ouest. C'est assez dire que son ensemble
est du commencement du XVe siècle dont les chapiteaux, les frises, les moulures révèlent bien l'époque. Nous oserions même dire que, dans le galbe de
ces pièces, nous retrouvons la même inspiration que dans celui des motifs
analogues de l'église.

avait autrefois contenues (1), possédait cependant encore des archives historiques nombreuses et des manuscrits artistiques précieux.

Parmi les manuscrits historiques, il faut citer : l'histoire de l'Abbaye, que venait d'écrire dom Guillo, le prieur du monastère (1725) et surtout le plus important d'entre eux, manuscrit latin qui a pour titre : *Eductum tenebris Luz-Ovium, seu chronicon Luxoviense, ex vetustis illius monumentis, tanquam ex pulvere excerptum, anno* 1604. C'était la chronique de l'Abbaye composée par dom de Villiers, moine de Luxeuil, qui avait mis dix-huit années à la parfaire et l'avait écrite en 381 pages in-4° (2).

Quant aux manuscrits artistiques, leur joyau était un in-folio du xie siècle, renfermant les quatre évangiles et une concordance de leurs textes. Il était revêtu d'une

---

(1) Dom Guillo hist, ms. de l'abbaye *in fine*, mentionne ce qui suit : « Luxeuil a été plus riche en manuscrits qu'aucune abbaye du monde, et il lui en reste peu, par l'imprudence des anciens moines non réformés. Ceux-ci n'ont pas fait comme certains autres qui, en 1600, pour deux cents pistoles vendirent tous les leurs, qui en valaient cent mille, mais ils les ont toujours perdus par imprudence. Le cardinal Baronius s'en ménagea une partie, lorsqu'il entreprit son grand ouvrage, avec promesse de restitution, mais tout a été perdu. Rien n'est revenu à Luxeuil, quelques précautions qu'aient prises les réformés qui en connaissaient le prix. Le père Chifflet, jésuite, en emprunta beaucoup, lorsqu'il composa l'histoire de Tournus, sur la promesse aux anciens moines de faire ensuite celle de leur abbaye. On n'a point vu l'histoire et les manuscrits sont encore perdus. Les Pères de la Société renvoient d'une maison à une autre ceux qui les réclament et dans toutes ces maisons, on ne leur donne nulle satisfaction. J'en parle par expérience, les ayant moi-même réclamés à Paris chez ces Révérends Pères en 1722, y étant intéressé comme prieur de Luxeuil et y étant allé avec l'autorité et la dignité de visiteur. Je n'ai non seulement rien pu retirer, mais il ne me reste pas même la moindre lueur d'espérance. » Art. (La bibliothèque de l'Abbaye.)

(2) Ce m. s. original et dont nous ne connaissons pas de copies, après avoir été aux mains de dom Grappin, probablement quand ce dernier entreprit, vers 1780, son histoire de l'abbaye de Luxeuil, passa au cabinet du docteur Leclerc, puis aux mains du docteur Revillout, enfin en celles de M. Zelnor Toillon. Ce dernier nous le céda quand nous étions curé de Luxeuil 1880. Depuis, pensant le fixer désormais, nous l'avons déposé aux archives départementales de la Haute-Saône.

splendide reliure, formée de lames d'argent relevées de pierres précieuses et des armes de l'abbaye. A l'intérieur, son texte était orné de vignettes et d'initiales peintes en or, et lui-même écrit à pleine page en caractères d'un beau style et d'un goût parfait. Cette œuvre d'art dédiée à l'abbé Gérard, qui vivait sous le pape Léon IX, a du être écrite par un moine de Luxeuil vers l'an 1050 (1). Il était, comme il est encore du reste, un trésor de l'art chrétien. Nous nous contenterons d'en signaler et d'en reproduire deux pages; l'une du début, l'autre du corps du livre.

La première représente sous un portique l'abbé Gérard offrant son volume à saint Pierre et porte, au sommet de sa composition, deux vers léonins écrits en lettres d'or qui donnent l'explication de la scène représentée et fixent la date de l'œuvre :

> *Luxovii pastor Gerardus lucis amator*
> *Dando Petro librum michi posco supernum* (2).

Une seconde page de ce chef-d'œuvre ne déplaira pas, sans doute. L'élégance de ses arceaux, la sveltesse de ses colonnes, le brillant de ses semis de croix d'or sont pour nous charmer. Si l'on considère que la bibliothèque de l'abbaye comptait alors plus de 2.000 ouvrages imprimés et près de 40 unités manuscrites, plus ou moins semblables à celles que nous venons de décrire, on avouera que sur ce point la communauté n'était pas mal partagée.

(1) Voir Dom Grappin, hist. m. s. de l'Abbaye, art. Gérard II.

(2) Ce précieux m. s. sorti de l'abbaye, croyons-nous avant la Révolution, dut être remis à dom Grappin lorsque celui-ci travaillait à son histoire de l'abbaye, vers 1783. Il faisait partie du stock de papiers qui sont restés en ses mains et qui, plus tard, sont passés en celles du docteur Leclerc puis du docteur Revillout. Quoiqu'il en soit, bien diminué, et réduit aujourd'hui à une cinquantaine de feuillets in-folio, réunis par une couverture en peau de chagrin noire, il était en dernier lieu, la propriété de M. Firmin Didot, le célèbre éditeur. A la vente de son cabinet, en 1879, il fut adjugé pour la somme de 20.000 francs à la Bibliothèque nationale, où il figure aujourd'hui sous le n° 2196 des nouvelles acquisitions.

Une page de l'Évangéliaire de Luxeuil
(XIe siècle)

Une page de l'Évangéliaire de Luxeuil
(XIe siècle)

Enfin la chancellerie renfermait les matrices en cuivre des différents sceaux de l'Abbaye. Nous ne saurions donner la nomenclature complète de toutes les pièces qui s'y trouvaient réunies, mais nous pouvons en nommer quelques-unes qui ont échappé à la dilapidation qui a suivi 1789. Elles sont actuellement aux archives de l'école de Saint-Colomban de Luxeuil. Nous les groupons en une planche spéciale.

Sceau de Claude Ladvocat,
prieur d'Annegray

Grand Sceau de l'Abbaye

Petit Sceau
du couvent

Grand Sceau de l'abbé
Thiébaud III de Faucogney

Sceau du Tabellionage

Sceaux conservés de la Chancellerie du monastère

Ce sont : Le grand sceau (en amande) de l'Abbaye portant l'effigie de ses deux patrons saint Pierre et saint Paul (xive siècle) ; Le sceau (en amande) de l'abbé Thiébaud III de Faucogney, portant l'effigie de la Vierge et de saint Pierre, sans doute ses patrons, avec, en dessous, ses propres armoiries (xive siècle) ; le sceau (en amande) de Claude Ladvocat, prieur d'Annegray, portant l'effigie de saint Jean-Baptiste (xvie siècle) ; le sceau (en cercle) du tabellionnage portant les armes de l'Abbaye qui sont la clef de saint Pierre et l'épée de saint Paul, toutes deux d'argent posées en sautoir, sur fond d'azur (xviie siècle) ; le petit sceau (en ovale), du couvent, portant sur fond d'azur un saint Benoît d'or (xviiie siècle). Chacun de ces sceaux est représenté sur notre planche en grandeur d'exécution.

Continuant notre description des bâtiments, sans sortir de la cour basse, où nous avons trouvé dans l'aile du nord la bibliothèque, nous devons signaler l'aile du levant qui renferme le réfectoire et les chambres d'hôte. Là, sont, en effet, les pièces principales et les plus soignées de la construction. Elles sont toutes voûtées et ornées d'élégantes moulures de plâtre. On sent, en y entrant, que le bâtisseur a voulu faire grand et qu'il tenait à bien traiter ceux qu'il aurait à recevoir.

A l'aile du réfectoire se raccordait dans le jardin, sur le midi, un long bâtiment dont le rez-de-chaussée contenait la salle du chapitre avec la sacristie, et dont les étages renfermaient les cellules des pères. Ce bâtiment, qui avait été l'œuvre de Dom Jean-Baptiste Clerc vers 1663, n'avait été construit par lui que jusqu'au premier étage. Il fut achevé à sa hauteur actuelle en 1682.

Enfin, le dernier bâtiment, qui complétait la cour basse, du côté du midi, était celui des greniers et des dépendances. Il avait clos la série et se faisait surtout remarquer par le pavillon d'angle dont les assises plongent dans les jardins du bas. Ce dernier travail qui date

de 1720, c'est-à-dire de l'époque où l'abbaye était de
nouveau tombée en commende, fut le travail du prieur
conventuel Dom Guillo. Sans quitter cette cour, n'oublions pas de signaler le péristyle architectural qui la
clôt, avec les belles écuries qui s'y déploient, à droite et
à gauche de la porte monumentale, qui la ferme sur la
rue principale.

Façade du monastère (côté des jardins)

En considérant cet ensemble, d'un seul coup d'œil,
on est saisi d'une impression d'ampleur et de grandiose,
et l'on comprend la satisfaction avec laquelle le dernier bâtisseur, Dom Guillo, se laisse aller à se féliciter
lui-même de l'œuvre générale quand il trace ces lignes
dans son histoire de l'abbaye :

« En cette année où j'écris [1725], tout le projet
est fini. Et, ces dernières années 1723 et 1724, j'ai reçu
les R. R. Pères du chapitre, au nombre de quatre-vingt-

quatre et je leur ai donné, à chacun, sa chambre particulière et son lit, sans que personne ait eu à doubler.
Et même, comme le monastère a cent chambres, j'avais
encore logé seize de nos plus anciens de la communauté
dans des chambres seul à seul. Outre les RR. Pères du
Chapitre, je logeai encore environ trente valets, qu'ils
avaient amenés et près de cent chevaux tant de monture
que d'équipage (1). »

Tel était le lot princier, à la fois féodal et monacal,
que la bienveillance de Louis XV réservait à un jeune
tonsuré de dix-neuf ans.

(1) V. Dom Guillo, hist. m.s. de l'Abbaye de Luxeuil Art. Les bâtiments
claustraux.

II

Prise de possession du bénéfice par l'abbé

Le 13 avril 1743, à la porte de l'église du monastère, se présentait, pour prendre possession du bénéfice vacant, Messire Charles-Marie-Gaspard de Montjustin, écuyer, docteur en théologie et en droit canon, curé de Saint-Sauveur, comme représentant et procureur du comte Jean - Louis Aynard de Clermont - Tonnerre, nommé, par le roi, commendataire de l'abbaye royale de Saint-Pierre, à Luxeuil, en remplacement du prince de Rohan-Soubise, récemment décédé.

Ayant produit, au tabellion général et aux témoins requis, sa procuration et le brevet du roi, il procéda aux cérémonies d'usage, entra dans l'église, sonna les cloches, baisa l'autel, ouvrit le missel, s'assit dans la stalle abbatiale, puis se fit conduire au palais résidentiel, dont il prit de même possession, et fit du tout rédiger procès-verbal. Le dit acte fut signé par le notaire, tabellion général du bailliage, Alexis-François Rance, et par les témoins requis : Jean-Charles-Alexis Breton, seigneur d'Amblans, écuyer, avocat au parlement, Pierre-François-Ferdinand Vinot et Thomas-Louis Rance, tous deux aussi avocats au parlement.

Le titulaire, fils puiné du marquis Gaspard de Clermont-Tonnerre et de Gabrielle Pothier de Novion, était né, à Paris, le 30 août 1724, avait fait ses premières études

au collège de la Marche, paroisse de Saint-Etienne-du-
Mont, avait été, à l'âge de sept ans, tonsuré (1731) (1),
ce qui lui avait permis d'être alors pourvu de la chapelle
de Saint-Siméon, au territoire de Saulx-le-Duc (canton
d'Is-sur-Tille) (2). Il avait ensuite continué ses études
littéraires et était en train de poursuivre ses cours de
théologie. Il ne prit pas lui-même la gestion de son
abbaye, ce fut son père qui la prit pour lui. On comprendra facilement cette détermination. Sa jeunesse,
ses études inachevées, son manque d'autorité et de
prestige, à raison de son défaut de titres dans les
ordres sacrés, son inexpérience des affaires temporelles
sont des motifs suffisants à expliquer la mesure qui fut
prise. Laissons donc ce jeune homme au calme et
au silence de son collège, et portons nos regards sur
son père.

Le général, sans tarder, organise son administration.
Il place, au palais abbatial, un régisseur, Duparc, et
un garde des archives, Guerrin. Il les rattache à son
intendant général, Rans, qui réside à Vauvillers et avec
lequel il correspond plus volontiers. C'est avec ce dernier, en effet, qu'il traite des conventions à passer avec
ses paysans, des baux à conclure avec ses fermiers,
et parfois, même, des collations de bénéfices, ce qui
cependant n'est guère du ressort du soldat gérant.

Ni les occupations de sa carrière, ni les préparatifs
de la guerre, qui va s'ouvrir, et auxquels il prend une
large part, comme d'acheter des chevaux dans les fermes de Franche-Comté, comme de mettre en état les
défenses de Besançon et de Belfort, ni même le cours
des hostilités, auxquelles bientôt il participe, ne l'em-

---

(1) Il avait été tonsuré à Paris par Mgr Languet de Gergy, archevêque
de Sens. La cérémonie avait eu lieu dans la chapelle des Sœurs Miramiones,
quai de la Tournelle, paroisse de Saint-Nicolas du Chardonnet.

(2) La Chapelle de Saint-Siméon était à la nomination de la tante du
jeune tonsuré, Mme la marquise de Courtivron. (*Hist. généalo. de la famille
de Clermont-Tonnerre*, par l'abbé de Clermont-Tonnerre, m. s. 1779.)

pêchent de tenir les rênes de sa nouvelle direction. En 1746, il mêle, dans les lettres qu'il écrit de Tongres en Flandre, les questions de sa mense abbatiale au récit des événements militaires auxquels il prend part. En 1747 quand il correspond de Bruxelles ou du champ de ses combats, il n'oublie pas davantage les baux de ses fermiers luxoviens.

Pendant ce temps, l'abbé continue ses études au collège de la Marche, où il prend pension, accompagné d'un précepteur et d'un laquais. Ses études littéraires terminées, il étudie la théologie au séminaire de Saint-Nicolas-du-Chardonnet, près duquel habite son père, reçoit en 1750 les différents ordres ecclésiastiques, sous-diaconat, diaconat et prêtrise, dans la chapelle des Carmélites de la rue Saint-Jacques, des mains de dom La Tasse, évêque de Bethléem ; enfin, en 1752, il prend sa licence en théologie de la maison et société royale de Navarre (1).

Dès la fin de 1747, quoiqu'il n'eût pas achevé le cycle de ses études, il s'était pris à regretter de ne pas gérer son abbaye et en avait revendiqué la gestion. A ce moment, en effet, il adresse à son père ses doléances et ses instances. Le père résiste. Pour quels motifs ? Nous l'ignorons. Mais il tient à son rôle. Le fils s'en étonne ; il insiste. Le père ne veut rien céder. L'abbé consulte alors la Sorbonne et lui présente un mémoire sous ce titre : *Cas à décider*. Il y expose :

« Qu'il a été pourvu, il y a quatre ans, d'une abbaye.

« Que son père, dans l'espérance d'obtenir une diminution de bulles, a tardé, jusqu'à présent, de les faire venir et a obtenu un arrêt du Conseil, en vertu duquel il a pris possession, au nom de son fils, de ladite abbaye ; qu'il s'est chargé de son administration ; qu'il en perçoit les revenus, depuis ce temps, et qu'il ne paraît point avoir l'intention de demander les dites bulles.

____

(1) *Hist. généalo. de la famille de Clermont-Tonnerre*, m. s. de l'abbé, 1779.

« Que son père a toujours évité de lui donner aucun éclaircissement, touchant son abbaye, quoiqu'il lui eût souvent demandé l'état de ses affaires ; qu'on a même défendu à l'intendant et aux autres secrétaires de la maison de lui en jamais parler:

« Qu'il y a plusieurs bénéfices, dépendant de ladite abbaye, dont lui-même ne peut disposer avec liberté, son père l'ayant forcé à nommer à une cure un sujet inconnu, sans qu'il ait eu le temps d'examiner ses mœurs et sa conduite, tandis qu'il pouvait nommer un sujet connu et d'une vie régulière.

« Qu'il serait nécessaire qu'il eût une connaissance exacte du bénéfice, qui est gouverné par gens qui sont plutôt à son préjudice qu'à son profit ; que pour cela il faudrait qu'il se transportât sur les lieux ; que tout délai lui causerait un préjudice considérable, parce que, dans les circonstances où il se trouve, le délai ne pourrait être moins de trois ans, s'il n'y va actuellement ; que, du reste, il est aujourd'hui d'âge mûr et parfaitement capable de gérer ses affaires:

« Enfin, que, dans ces conditions, il a cru devoir prier son père de lui céder l'administration de son abbaye et qu'il n'a reçu que des refus et des menaces.

En conséquence, il demande :

« S'il peut, en conscience, laisser son père administrer l'abbaye, sans être pourvu des bulles de Rome.

« Si son père a pu disposer des bénéfices, surtout de ceux qui sont à charge d'âmes, sans laisser à son fils la liberté d'y nommer des sujets connus par des mœurs et une vie régulières.

« Si, eu égard aux grands abus auxquels l'administration du père est sujette, le titulaire doit plutôt écouter les défenses et les menaces que prendre lui-même soin de ses affaires après avoir toutefois usé de toutes les voies de douceur.

« Si le titulaire est obligé d'accepter un délai de cinq mois, qui lui a été proposé indirectement par son père, actuellement absent, ayant lieu de présumer que ce délai proposé est plutôt le fruit d'une animosité particulière que celui du véritable désir de remettre le bénéfice à son fils. Il fait observer que si le titulaire est obligé en conscience de se charger des affaires de son bénéfice, déterminé comme il l'est à faire venir incessamment ses bulles, le délai d'un jour ne peut avoir lieu.

« Enfin, si le titulaire est en sûreté de conscience sur les revenus qu'il a touchés, pendant quatre ans, sans avoir de bulles. »

Le Conseil de conscience de Sorbonne répond le 16 juin 1747 :

« Relativement à la nécessité de l'institution canonique, l'on ne peut jouir des revenus d'une abbaye en vertu d'un arrêt..... n'y ayant que l'institution canonique qui donne droit de percevoir les fruits d'un bénéfice et d'en prendre possession. Si l'on objecte que le titre est spirituel, mais que les revenus sont temporels, on remarquera que ceux-ci ne peuvent pas se séparer de celui-là et qu'ils ont besoin, pour être perçus de la provision du supérieur ecclésiastique. D'où il résulte que le consultant ne doit rien négliger pour obtenir incessamment la provision de son abbaye et demander à M. son père les papiers nécessaires pour cela. Quant aux revenus échus, il doit aussi se pourvoir en cour de Rome, pour en obtenir la remise, par les raisons qu'il alléguera.

« Relativement à l'administration du bénéfice par le bénéficier, le titulaire doit l'exercer lui-même ou s'en faire rendre compte. La raison en est qu'il ne peut prendre, sur ledit revenu, que ce qui est nécessaire pour son honnête entretien, et qu'il doit employer le reste en aumônes et autres bonnes œuvres, sans le livrer à ses parents, à moins qu'ils ne soient eux-mêmes

pauvres, auquel cas il peut leur donner quelque chose,
mais non les enrichir...

« En conséquence, le consultant ne peut laisser à
M. son père, ou à ses gens d'affaires, l'administration
de son abbaye, telle qu'ils l'ont eue jusqu'à présent ;
et il doit faire, à ce sujet, de très humbles représenta-
tions à M. son père... Enfin, quand le Consultant aura
l'administration des revenus de son abbaye, il devra
les employer de la manière indiquée par le saint Concile
de Trente. Et, par là, il convaincra sa famille, et particulièrement M. son père, de la pureté de son intention
dans ses démarches présentes, lesquelles n'ont pour but
que de satisfaire aux obligations de son état.

« Relativement à la provision des bénéfices dépendant de l'abbaye, une des principales obligations
du titulaire étant d'y nommer de bons sujets, il ne
saurait prendre trop de précautions pour cela ; surtout
quand il s'agit de bénéfices à charge d'âmes... Le consultant ne peut donc laisser à son père la liberté de nommer
aux bénéfices vacants. Lui-même, du reste, ne peut
nommer des sujets inconnus présentés par sa famille.
Il doit s'enquérir des plus dignes, et s'adresser, pour les
connaître, non aux gens du monde, qui ne connaissent
pas les règles de l'Église, ou ne se croient pas obligés de
les observer, mais à des ecclésiastiques pieux, éclairés
et zélés pour le bien des âmes.. particulièrement à l'évêque du lieu où le bénéfice est vacant. »

« Signé : DE MAREILLE, DEBACQ, LESEURE. »

Au reçu de cette consultation, l'abbé se sent affermi ;
il quitte Paris, où il laisse sa mère, court à Luxeuil,
retire à son père, qui est en pleine campagne des Flandres, les pouvoirs qu'il lui avait accordés, prend d'autorité l'administration de son bénéfice et fait appel à
la justice du Parlement.

On se doute de l'éclat de cette démarche ! Cependant, le vaillant soldat des Flandres, couvert de gloire, revient en France. Il a conquis, sur le champ de bataille, le bâton de maréchal. Son fils, alors, malgré son état d'opposition, ne croit pas devoir garder le silence. Il écrit à son père une lettre de félicitations. Mais, tout en lui envoyant l'expression de sa piété filiale, il ne peut se déprendre de ses préoccupations au sujet de son abbaye.

« Mon très cher père, lui écrit-il le 22 novembre 1747, le bâton, dont le Roy n'a cru enfin pouvoir se dispenser de couronner vos services, est un événement bien grand, quelque tard qu'il arrive, dans le temps où nous sommes. J'en ressens toute la joie, au moment que j'en apprends la nouvelle. Ce temps semble devoir être pour moi de la nature de ceux que l'Eglise nomme Jubilé, temps de joie et d'allégresse parfaite, dans lesquelles on se réunit dans le même esprit et dans les mêmes intentions, pour célébrer, d'un commun accord, les louanges du bienfaiteur, qui fait naître nos transports. Il n'en fallait, en effet, pas moins pour soulager un peu les peines et le chagrin que me font des gens qui se flattent sans cesse et se font une gloire de me noircir dans votre esprit.

« Il est très triste pour moi que ces gens, qui n'ont rien épargné pour mettre le désordre dans mes affaires et qui, par là, se flattent de vous faire la cour, m'empêchent, par leurs persécutions continuelles, de me rendre à portée de participer à la joie universelle. Je ne doute même pas un moment qu'ils ne me fassent un crime de l'impossibilité où ils m'ont mis de vous aller témoigner ma joie. Mais tel est mon sort ; je ne suis point né pour ressentir de satisfaction parfaite ; et mes meilleures actions seront toujours, pour moi, des crimes impardonnables. Mais j'y souscris volontiers ; je supporterai facilement les malheurs même les plus imprévus ; et, dût-on me faire un crime de prendre aujourd'hui la

liberté de vous faire mon compliment, sur cet heureux
événement, je le fais avec empressement et sincérité ;
et ne craindrai point de vous répéter : qu'on ne peut
être avec plus de respect, de soumission et d'attachement que j'ay l'honneur, etc... »

A cette lettre était joint ce mot :

« A Madame la Maréchale,

« Ma très chère mère,

« Rien ne me dispense, à la nouvelle de l'événement
que je viens d'apprendre, de rompre un silence que le
respect m'a forcé de garder jusqu'à ce jour. Quelque
condamnable que je vous paraisse, quelque noir que l'on
me fasse dans votre esprit, il est permis de s'émanciper
un peu dans les transports les plus heureux. Je le fais,
et ne crains point de vous irriter davantage. Vous ne
pouvez me savoir mauvais gré de vous présenter un
respectueux compliment et de vous assurer que je suis
avec un plus profond respect, etc. »

Cette lettre n'arrête rien ; le procès intenté suit son
cours ; les assignations s'échangent entre les parties.
Le père offre alors ses comptes à son fils. Mais celui-ci,
tenant à faire ratifier officiellement ces offres par les
juges, ne demande pas moins la consécration juridi-
que de cette démarche. Le Parlement, par arrêt du
24 mai 1748, ratifie et consacre à la fois l'offre qu'a
faite le père au fils de rendre ses comptes et celle du fils
à son père de les accepter tels qu'ils lui seront présentés.
Osons-nous dire que ces comptes nous étonnent ? Le
maréchal, en résumant sa gestion pendant les quatre
années de son exercice, et en y faisant, il est vrai, entrer
en dépenses tous les frais d'entretien et de pension au
collège de son fils, du précepteur de ce dernier, et de son
laquais, produit les chiffres suivants : total des recettes :
76.472 l. 12 s. 5 d. ; total des dépenses : 78.922 l. 16 s. 2d. ;
d'où il résulte que c'est le fils qui se trouve redevable
envers son père de 2.449 l. 13 s. 7 d. ! On avouera que

les plaintes de l'abbé avaient bien quelque fondement !

Ces comptes n'en sont pas moins acceptés par l'abbé et le jeune titulaire, dès lors, gère par lui-même son abbaye. Réussit-il ? Nous avons lieu de le croire, car nous lisons dans une lettre de son frère aîné, adressée à sa mère, vers cette époque :

« Il faut que mon père daigne réfléchir que, depuis que mon frère a son abbaye, il en retire plus du double de ce que mon père en retirait, ce que je suis en état de prouver et ce que j'ai vu par moi-même (1)... »

Le 14 décembre 1753, l'abbé est nommé vicaire général de Mgr Claude Bouhier, deuxième évêque de Dijon. On se doute bien que, à cette nomination, son père n'a aucune part. Il tient toujours rigueur à son fils. Du reste, à ce moment, on est au plus fort de la lutte ; parents et amis entrent en lice et prennent parti, les uns pour le père, les autres pour le fils. Le duc de Randan, gouverneur de la province, mande l'abbé à *la Cha-rité* (2) et, là, le chapitre, tout en lui laissant entendre que son père veut l'éprouver, mais qu'il lui reste attaché. Mgr de Choiseul, archevêque de Besançon, lui fait aussi des remontrances. Le ministre des affaires ecclésiastiques, évêque de Mirepoix, le gourmande sévèrement, lui impose, chez l'archevêque de Sens, Mgr Languet de Gergy, son parent et protecteur. une retraite à laquelle, du reste, il ne se rend pas, et le menace des foudres du Roi. D'autre part, son frère aîné, comme on l'a vu, prend sa défense et cherche à le disculper. Un vieil ami de la maison, le comte de Lavier père, de son château de Calmoutier, s'entremet aux débats ; il écrit au maréchal, lui expose que son fils a plus de mérite qu'il le croit, qu'il prêche à merveille, l'ayant entendu lui-même, qu'il enchante

---

(1) Les baux que l'abbé passe avec les nommés Barbier et Rochet, le 15 mars 1754, portent le canon du rentaire à 17.000 livres, sans compter évidemment les droits fiscaux perçus d'autre part.

(2) Abbaye de la Charité (Haute-Saône).

tout le monde et qu'il est digne de sa bienveillance.
Rien n'y fait. Le maréchal résiste à tout et se livre
lui-même dans la lettre suivante, d'une franchise quelque peu brutale, qu'il écrit à sa nièce, le 14 janvier 1754 :

« Ma conscience, lui dit-il, m'empêche de faire, quoique père, des démarches pour mettre mon fils à portée
d'arriver. C'est là ce qui fait que je n'ai jamais voulu demander à aucun évêque de le prendre pour grand vicaire.
M. l'évêque de Dijon l'a pris. A la bon heur (*sic*)! mais,
je n'y ai eu aucune part. J'agirai de même en toute occasion, et ne me mêlerai jamais de ce qui pourra regarder
mon fils, d'autant que ses affaires ont fait trop d'éclat
dans le pays, où il est regardé comme un homme propre à rien et qu'il aurait mieux valu qu'il fût moine de
Luxeuil que d'en être abbé. »

Malgré ces lignes sévères et les dispositions peu bien-
veillantes dont elles semblent être l'expression, le maréchal n'était pas resté indifférent à l'élévation de son fils.
Cela nous est révélé par plusieurs confidences du duc
de Randan :

« Monsieur l'abbé, écrit-il un jour à ce dernier, votre
père, dans l'intime de son âme, approuvait votre nomination au vicariat général de Dijon. »

Bien plus, des influences diverses et des circonstances
spéciales ne vont pas tarder à modifier les sentiments du
maréchal à l'égard de son fils et à changer son état
d'opposition en des relations de bienveillance, qui, par
leur accentuation même, ont lieu de nous surprendre.

III

Les démarches de l'abbé en vue de l'Épiscopat

La charge de grand vicaire, que l'abbé avait obtenue, en 1753, de la bienveillance de Mgr Bouhier, lui tenait à cœur ; et ce prélat étant venu à mourir en 1755, le vicaire général, déçu, n'avait rien négligé pour se faire nommer à la même charge par Mgr d'Apchon, successeur de l'évêque défunt. Il le fut, en effet. A son second titre, il tenait autant qu'il avait tenu au premier, s bien que, dans la suite, ayant encore été nommé vicaire général de Besançon, il signait toujours les actes importants de sa vie de l'une et de l'autre de ces deux appellations, quoique, dans les deux cas, il se fût agi plutôt de titres honorifiques que de fonctions effectives. C'est que, dans sa pensée, cette qualification lui était un moyen utile pour atteindre le poste que son ambition convoitait : l'épiscopat. Et, disons-le tout bas, il le convoitait ardemment. Faut-il s'en étonner ? En agissant autrement, il n'eut été ni de son temps ni de sa race. Sa naissance, son éducation, le milieu dans lequel il se retrouvait à Paris, tout le portait à penser ainsi. Mais celui des siens qui désirait le plus ce poste et qui fit le plus d'efforts pour l'obtenir fut son père. On s'en étonnera sans doute, en pensant à l'attitude de ce dernier dans les années qui précèdent ; mais, outre qu'il avait l'orgueil familial profondément gravé au cœur, un évènement douloureux venait de se produire, à l'oc-

casion duquel ses sentiments s'étaient complètement
modifiés. La maréchale venait de mourir (29 août
1754) (1), et son fils l'abbé, oubliant les fâcheuses
discussions de la veille et le froid qui s'en était suivi,
avait envoyé à son père ses vives condoléances. Cette
démarche avait vivement touché le père, qui ne tarda
pas à témoigner à son fils toute sa satisfaction de le
voir ainsi revenir à lui :

« Votre frère aîné, lui écrit-il le 15 septembre 1754,
m'a fait part de vos sentiments pour moi, et m'est garant qu'ils ne changeront pas... Je ne puis écrire à votre
frère aujourd'hui. Embrassez-le pour moi. Dites-lui que
j'ai reçu ses lettres et que son frère aîné m'a fait part de
celles qu'il lui a écrites ; que tout ce qui peut soulager
ma douleur est de voir l'union entre tous mes enfants.
C'est ce que je désire de maintenir...

« *J'oublie tout*, mon fils, et vous embrasse de tout
mon cœur. »

De cette lettre, retenons le mot final : *J'oublie tout*,
c'est la clef de ce qui va suivre.

Pour le maréchal, comme pour son fils, le titre de
grand vicaire n'était qu'un encouragement, un espoir,
un acheminement vers le siège convoité. Il en était de
même de celui d'abbé commendataire. Dans le monde
qui était le leur, toute abbaye en commende, fût-elle
aussi honorable que celle de Luxeuil, n'était jugée que
comme un bénéfice, c'est-à-dire une source de revenus,
et non comme une situation de carrière. Celle-ci ne se
trouvait réalisée que dans l'épiscopat. C'est là ce qui
explique, et excuse peut-être, la fréquence et la persistance des prochaines démarches du maréchal.

Dès l'année 1754, lors de la vacance du siège archiépiscopal de Besançon, après la mort de l'archevêque

______

(1) La fortune de la maréchale fut divisée en quatre parts égales et chacune des parts s'éleva à la somme de 130.000 livres. (Partage fait à Champlâtreux par devant N notaire au Châtelet de Paris.) (Arch. famil. des
Clermont-Tonnerre.)

Antoine-Pierre II de Grammont, il s'était mis en campagne, en faveur de son fils, et avait, pour lui, sollicité ce siège. L'ancien évêque de Mirepoix était alors détenteur de la feuille des bénéfices. On nous saura gré de reproduire les pièces de ces instances.

La première est une lettre que le maréchal écrit le 15 septembre 1754 à un certain abbé Goux, à Paris, lequel nous paraît être un attaché aux bureaux des affaires ecclésiastiques. Il lui dit : « J'ai fait ce que j'ai cru convenable, Monsieur, en faveur de mon fils. J'ai écrit à M. de Mirepoix, mais je crains qu'il ne trouve l'archevêché de Besançon bien fort pour commencer. Vous savez cependant que le devant mort a commencé par là ; mais c'était son oncle (1). Je désire fort d'obtenir ce que je demande pour lui. Mon fils doit être reconnaissant des marques d'attachement que vous lui donnez. Je suis, Monsieur, sincèrement à vous.

> « Le maréchal de TONNERRE. »

La deuxième pièce est une autre lettre écrite du même jour à son fils, et dans laquelle, après lui avoir exprimé tous ses sentiments de paternelle bienveillance à l'égard de ses enfants, il lui parle de ses démarches en sa faveur.

« Je viens de vous donner des marques du retour de mes sentiments pour vous en écrivant à M. de Mirepoix, pour lui demander pour vous l'Archevêché de Besançon. Je souhaite qu'il veuille, par amitié pour moi, vous donner un aussi grand poste. Quoi qu'il en soit, j'espère que vous ne serez pas longtemps sans être bien placé; j'y ferai de mon mieux. Les circonstances sont touchantes dans notre situation. Je lui fais même sentir qu'ayant de quoi vivre avec les biens d'église, vous pouvez avoir bien de besoin de votre bien de patrimoine, que le

---

(1) Le maréchal fait allusion à ce fait que Antoine Pierre II de Grammont, lorsqu'il devint archevêque de Besançon, avait eu pour prédécesseur quoique non immédiat, Antoine-Pierre Iᵉʳ, dont il était le neveu.

bien que j'ai eu de votre mère, une grande partie a été consommée par moi au service du Roi et que vous serez en état de soutenir votre famille et je lui ai dit toutes les raisons que j'ai crues les plus convenables... »

Dans le même dessein, il ne s'était pas contenté de la protection de l'évêque de Mirepoix ; il s'était adressé au cardinal de La Rochefoucauld. Au bas d'une lettre d'affaires, adressée le 23 septembre 1754 à son fils l'abbé, le maréchal lui disait en effet :

« J'ai parlé au Cardinal de La Rochefoucauld qui m'a promis de travailler pour vous, et sûrement il le fera et il m'a dit que vous conviendriez bien au poste de Besançon, que, si, cependant, il était destiné, vous ne seriez pas sans être bien placé. »

Malgré ces démarches et les personnes qui s'y trouvent mêlées, le 22 octobre de la même année, le maréchal avait reçu de M. de Mirepoix avis que son rêve pour Besançon ne pouvait se réaliser. Le père en avait lui-même annoncé dès le lendemain la nouvelle à son fils :

« Paris, ce 23 octobre : Mon fils, j'ai reçu hier une let-tre de M. de Mirepoix qui me marque qu'il doute que le Roi se détermine à donner l'archevêché de Besançon à *un jeune homme qui n'a pas encore servi l'Eglise*. Le tour de M. votre fils, ajoute-t-il, viendra promptement si il continue de travailler et de se mettre en état de servir l'Eglise, dans les postes où sa naissance doit le conduire. Ce sont là les termes de sa lettre. Je ferai encore de nouvelles instances ; mais je les ferai moi seul, de lui à moi, car il n'aime pas les sollicitations. Ce qui est sûr, c'est que je ferai de mon mieux pour le présent et pour l'avenir... »

La même lettre portait encore, comme compensation et comme pis aller :

« Mon fils, si la place de haut doyen du chapitre de Besançon vous convient et que cela soit à la nomina-tion du chapitre et qu'on vous élise, ce ne peut être qu'un bien, pour vous, en attendant que vous soyez évêque.»

Ici, c'était un refus, là de vagues promesses.

M. de Mirepoix étant venu à mourir et le cardinal de La Rochefoucauld lui ayant succédé dans la feuille des bénéfices, le maréchal s'était empressé de se souvenir que les La Rochefoucaud étaient parents des Clermont-Tonnerre, que lui-même venait d'épouser en secondes noces une parente du cardinal et que ce dernier était son ami. Oubliant donc son échec au sujet de l'archevêché de Besançon, et mettant à profit son crédit auprès du ministre et aussi auprès de M. de Choiseul, qui venait de monter sur le siège archiépiscopal de Besançon, il avait demandé et obtenu pour son fils un vicariat général à Besançon. Mais ce n'étaient toujours là que des essais et des préludes.

Bientôt l'évêché de Coutances vient à vaquer. Il le demande aussitôt au cardinal. Ici encore, nouvelle déception. Coutances était convoité par M. l'abbé du Quesnois, qui était du Cotentin et désirait vivement ce poste. Par discrétion et délicatesse, le maréchal n'insista pas, quoique le cardinal fût prêt à céder. Les regrets du vieux soldat n'en furent que plus amers.

Les dispositions du cardinal, comme on le voit, étaient excellentes, mais une mort précipitée ne permit pas au ministre de disposer d'une autre place. La feuille des bénéfices avait passé des mains du cardinal de La Rochefoucaud dans celles de l'évêque d'Orléans. A peine ce dernier avait-il été nommé que le maréchal avait été des premiers à lui faire sa cour. Il lui avait été présenté par un autre La Rochefoucaud, ami, comme lui, du défunt cardinal et archevêque de Rouen. Il s'était alors borné à présenter les titres de son fils, et, pour le reste, s'en était remis à la justice et à la bienveillance du ministre. Toutefois, cette confiance était encore restée sans résultat. Le maréchal s'en afflige : « Moins délicat et plus importun, écrit-il dans ses notes, j'eus peut-être été plus heureux. »

L'évêque d'Orléans ayant cédé la feuille des bénéfices à M. le cardinal de La Roche-Aymon, le maréchal s'était encore entremis auprès de ce prélat, et, tout en obtenant par surcroît, pour son petit-fils, l'abbaye de Saint-Pierre de Melun, avait renouvelé, pour son propre fils, ses anciennes démarches avec, cette fois, l'espoir fondé de les voir aboutir. Le ministre lui avait, pour ainsi dire, promis soit l'évêché de Saint-Claude, soit celui de Noyon, soit celui de Laon, sur la vacance desquels on comptait dans un délai prochain. Mais subitement ces évêchés furent pourvus et la feuille des bénéfices passa à M. l'évêque d'Autun. Cette fois, dès que le ministre donne sa première audience publique, le maréchal se présente lui-même et présente, avec lui, son fils l'abbé. Il fait plus, et, mettant en jeu M. de Maurepas, ministre de la maison du roi, il lui fait parvenir un long mémoire, où il rappelle les demandes précédentes et les malencontreuses circonstances qui s'étaient opposées à leur succès. A ce mémoire, il avait joint une lettre cachetée, destinée au roi avec une copie ouverte de la même lettre. Le tout avait pour objet l'obtention par l'abbé de l'évêché de Digne, devenu vacant sur ces entrefaites.

Les pièces suivirent la filière administrative et ce fut l'évêque d'Autun qui répondit lui-même. Il le fait en ces termes :

« M. le Maréchal, je mettrai sous les yeux du roi votre vœu pour M. votre fils ; mais mon état ne me permet pas de remettre à Sa Majesté aucune lettre cachetée. J'ai en conséquence l'honneur de vous renvoyer celle qui était jointe au mémoire. »

« Signé : L'Evêque d'Autun, du 24 septembre 1777. »

C'était encore une réponse dilatoire. Le maréchal n'y tient plus, il tente de suivre une autre voie ; il s'adresse à M. de Vergennes et lui demande s'il ne voudrait pas, à défaut de l'évêque d'Autun, présenter au roi une nou-

velle lettre dont, auparavant, il lui envoie le texte ;
elle était ainsi libellée :

« SIRE,

« J'ai pris la liberté d'écrire à Votre Majesté il y a
longtemps et de lui demander l'évêché de Digne pour
mon fils l'abbé de Luxeuil. J'ai confié, depuis trois mois,
à M. d'Autun cette lettre sur la parole qu'il m'avait
donnée de vous la remettre lui-même. Mes démarches
n'ont pu, jusqu'à ce moment, me procurer aucune cer-
titude sur la remise et le succès de ma lettre. La bienfaisance équitable de Votre Majesté ne me permet pas
de croire qu'elle ait intention d'affliger le plus ancien
de ses serviteurs, par le refus d'un évêché quelconque,
encore moins d'un aussi mince que celui de Digne.

« Permettez-moi, Sire, d'user des droits que me donnent mon nom, mon rang et la place que j'ai l'honneur
de remplir, pour solliciter une justice que M. d'Autun
s'obstine à me refuser. Je supplie Votre Majesté d'agréer
qu'en lui renouvelant mes instances en faveur de mon
fils, je lui demande ses ordres et la grâce de me
croire..., etc. »

M. de Vergennes, après avoir pris connaissance de
cette lettre ne crut pas devoir approuver le projet et
s'en ouvrit, sans retard, au maréchal. Il lui fit observer
que cette démarche serait pour déplaire à M. de Maurepas et à M. d'Autun lui-même, dont cependant les dispositions demeurent toujours favorables à l'égard du
maréchal et enfin que, en l'espèce, le mieux est de s'en
tenir là et d'attendre l'avenir.

Cette fois, le maréchal se fâche et, dans un long mémoire dont nous avons le texte, il adresse ses vives doléances au ministre des affaires ecclésiastiques. Après
lui avoir exposé toutes les démarches qu'il a faites jusqu'alors, il se plaint vivement de ce que l'on n'ait pas
fait *justice* à son fils ; « que celui-ci n'a pour toute grâce
de la cour que l'abbaye de Luxeuil, dont depuis trente-

trois ans il n'est pour ainsi dire que le fermier, à cause
des charges ordinaires et du grand nombre de pensions
dont elle a été et est encore grevée ; qu'il a fait et continue de faire tout ce qu'il peut pour se rendre digne de la
grâce que M. son père sollicite pour lui ; que ce respectable père, qui, à tant de titres personnels, réunit tant
de droits à la justice bienfaisante du roi par soixante et
quatorze ans de services aussi importants qu'honorables,
a lieu d'espérer d'être favorablement écouté ; qu'enfin,
un retard plus long, qui peut même paraître l'être déjà
trop, imposé au succès de ses démarches, en continuant
d'étonner le public, ne manquerait pas d'accréditer
des soupçons injurieux à la réputation de l'abbé de
Luxeuil » (1).

Que produisit ce mémoire ? Nous ne le savons pas.
Nous soupçonnons, d'après les répliques qu'on va lire,
qu'on fit entendre au maréchal que son fils prenait de
l'âge, il avait alors cinquante-trois ans. Mais, de la réponse du roi toujours attendue, nous ne trouvons pas
de traces.

Ainsi, quand le maréchal faisait ses premières démarches, on lui avait répondu : « Votre fils est trop jeune » ;
et voici que lors de ses dernières instances on lui dit :
« Votre fils est trop vieux ». Il eut beau, dans une vive
riposte au ministre, écrire « que le cardinal de Choiseul,
archevêque de Besançon, avait plus de cinquante ans
quand il fut nommé à ce siège ; que MM. de la Marche,
évêque de Saint-Paul-Trois-Châteaux, et de Champour-
cin, évêque de Toul, d'abord évêque de Sénez, en avaient
cinquante ; que M. de Cayrol, évêque de Grenoble d'abord
puis évêque de Vence, en avait cinquante-cinq, et que
le prince Constantin, cardinal de Rohan avait été
nommé évêque de Strasbourg à soixante ans » (2),
tout fut vain ; et le vieux maréchal dut mordre son

(1) Ms. en notre possession.
(2) *Ibid.*

frein en silence, se résigner sans se plaindre et se consoler en pensant que, après tout, l'abbaye de Luxeuil pouvait peut-être bien valoir l'évêché de Vabres, celui d'Agde, ou même celui de Digne.

Cette pensée fut sans doute partagée par notre commendataire déçu. Sa déception même ne l'aurait-elle pas incliné à fixer sur son bénéfice un regard plus complaisant que par le passé ? Nous sommes porté à le croire ; car, à partir de cette période, nous le voyons plus fidèle à la résidence, plus soucieux de sa responsabilité, plus uni à ses religieux, plus affable à ses paysans, plus amateur de ses prairies, de ses ruisseaux et de ses forêts. Ce sentiment qui le dominait alors, il le traduit dans une lettre écrite par lui de Paris, le 7 novembre 1780, à Breton d'Amblans, son fidèle intendant de Luxeuil : « Je vous reviens, lui dit-il, je veux terminer mes jours dans mon abbaye. Je ne la remettrai jamais, à moins que ce ne soit pour me retirer tout à fait du monde et m'enfermer à la trappe de Sept-Fonts. »

C'est donc en son palais que nous allons tâcher de le peindre, car c'est le cadre qu'il s'est choisi.

Jean-Louis-Aynard de Clermont-Tonnerre
Commendataire de l'Abbaye de Luxeuil
(1724-1801)

IV

Le palais abbatial et ses hôtes

Le palais abbatial, comme nous l'avons dit, formait
la façade septentrionale du monastère et occupait, en
bordure, la partie principale de la place de la baille.
Son constructeur, l'abbé François Bonvalot, l'avait
édifié, vers 1550, dans le goût du temps avec des esca-
liers en vrille et des fenêtres à croisillons, dont quelques-
unes subsistent encore, mais l'abbé de Clermont-Tonnerre,
pour embellir sa résidence et peut-être pour satisfaire
ses goûts de bâtisseur, y entreprit, croyons-nous, vers
1780, d'importantes restaurations ou constructions. Les
deux principales sont : la modification de la façade nord
et l'édification du pavillon qui relie le palais à la rue
principale. Sur la façade, il modifia entièrement les
fenêtres en leur donnant le caractère du xviiie siècle,
et il changea totalement l'aspect du palais en lui appli-
quant, en avant-corps, un portique à quatre colonnes et
basé sur un large perron, et couronné par un fronton
triangulaire.

Quant au pavillon, c'est plus qu'une modification, c'est
une construction importante, qui complète le palais en le
continuant jusqu'à la rue. On dit que l'abbé construisit
ce pavillon pour en offrir l'usage à Mme de Courtivron,
sa nièce, qui, en effet, venait souvent d'Hamonville
avec son mari, en visite chez son oncle. Ces restaurations
et constructions, qui relevaient, on s'en souvient, de
la mense abbatiale, avaient dépassé de beaucoup les

forces de celle-ci et avaient réclamé les fonds personnels
de l'abbé. Il le rappellera plus tard, dans les jours de la
Révolution. et saura dire à l'Etat spoliateur de son
abbaye, que, de ses propres deniers, il a mis, dans ces
divers travaux, une somme de plus de 200·000 livres (1).

Au dedans, le palais répondait à l'élégance de son
architecture extérieure. Les pièces qui semblent avoir
été le plus soignées sont : le grand salon octogonal, qui
était orné de boiseries aux panneaux encadrés de moulures sculptées et garnies de pentes de tapisserie, de
tableaux et de portraits. Parmi ces derniers, on remarquait celui, en grandeur naturelle, mais pris à mi-corps,
de M. l'abbé Le Tonnelier de Breteuil, avec rochet, camail
et croix canoniale. Il portait écrit sur la toile : « L'abbé
Le Tonnelier de Breteuil, précepteur du duc d'Orléans ».
On devine comment il se trouvait là, quand on se rappelle que Charles-Henri de Clermont-Tonnerre, frère
aîné de l'abbé, avait épousé une Le Tonnelier de Breteuil. On y remarquait surtout le portrait, en pied,
du maître de céans ; cette toile se trouvant encore
au salon du presbytère de Luxeuil, nous avons pu la
reproduire plus haut. Dans un cadre de 2 mètres, l'abbé
se présente debout, planté devant un guéridon, la
main posée sur la tranche d'un livre dont le plat porte
les armes du prélat. Il est vêtu d'un rochet brodé et
d'un camail de soie noire, qui est celui de vicaire général.
Au bas de la toile, on lit : Beaulieu *pinxit* 1772 (2).

La bibliothèque de l'abbé avait été aménagée avec
soin. Elle était composée de rayons de chêne disposés
sur des montants sculptés et couronnés de chapiteaux

(1) Voir cette lettre plus loin. Art. L'abbé de Luxeuil à Hamonville.

(2) De ces deux toiles, celle de l'abbé Le Tonnelier de Breteuil était restée
dans les combles du palais et a été remise en honneur par M. l'abbé Ma-
grey, ancien vicaire de Luxeuil. Celle de l'abbé de Clermont-Tonnerre avait
quitté le palais à la Révolution et y est retournée, grâce à l'intervention
de M. l'abbé Sautot, alors vicaire à Luxeuil, qui l'a rachetée de particuliers et l'a donnée à la cure.

à feuilles d'acanthes. On en retrouve encore des restes, soit dans les salles de la mairie actuelle, soit dans la bibliothèque de l'école Saint-Colomban. Nous possédons le catalogue des livres qui y étaient réunis. Il contient surtout les livres ecclésiastiques du temps, que l'on rencontre généralement dans de semblables collections. Nous ne croyons pas avoir à les mentionner. Qu'il nous suffise de savoir que l'abbé s'était appliqué à les bien choisir (1). Il parle quelque part des sommes qu'il y a dépensées et note en particulier qu'il a perdu pour plus de 6.000 livres de volumes maladroitement prêtés.

Les archives ou les papiers plus précieux étaient renfermés dans des boîtes en bois peint, portant chacune les armes de leur possesseur.

A signaler encore le médaillier, qu'il avait, comme la plupart de ses concitoyens lettrés d'alors, parmi lesquels, les Fabert, les Prinet, les Fonclause, composé surtout de monnaies trouvées lors des récentes reconstructions des bains (1755) (2).

Dans cette revue de mobilier, on nous permettra de faire mention de la chaise à porteur de l'abbé, élégante vinaigrette Louis XV, décorée en vernis martin, avec, sur chaque panneau des portes vitrées, les armes du prélat (3).

C'est dans cet intérieur, parmi ces meubles, ces livres et ces médailles, que, en dépit de l'absentéisme si cher à certains commendataires, il aimait à vivre, en se livrant à ses études favorites qui étaient les recherches généa-

---

(1) Cette bibliothèque, après le départ de l'abbé en 1790, fut déposée chez M. Breton d'Amblans et y resta jusqu'en 1854, époque où elle fut vendue à M. Turbergue, libraire à Besançon.

(2) Ce médaillier a été pillé lors de l'envahissement du palais en juillet 1789, par les paysans révoltés de la terre de Luxeuil.

(3) Cet intéressant débris du mobilier abbatial se trouve aujourd'hui au Musée de la ville.

logiques sur sa famille (1) et en faisant les honneurs
de sa maison à ses parents et à ses amis. Nous y rencontrons, tour à tour, son père qui y vient facilement de
Vauvillers ; son frère aîné avec sa femme née Le Tonnelier de Breteuil ; et aussi le fils de ces derniers, l'évêque
de Châlons ; et encore les archevêques de Besançon,
en particulier Mgr de Durfort, qui y descend dans ses
diverses tournées de confirmation, le duc de Randan
lui-même, parfois l'abbesse de Remiremont avec M. de
Cély ; n'oublions pas non plus la sœur de l'abbé, Mme de
Bourbon-Busset, qui put, de son mariage (23 avril 1743)
à sa mort (27 juillet 1769), fréquenter Luxeuil pendant
vingt-six ans.

Mais les préférés semblent avoir été ceux d'Hamonville,
lesquels étaient le marquis Joseph-François, sa femme
née de Lentilhac et leurs deux jeunes enfants, ménage
qui habitait alors la Lorraine. En 1764, le chef de cette
famille, qui était assez gêné dans ses finances, et avait
contracté des dettes à l'occasion de l'héritage qu'il
venait de recueillir du marquis de Crécy, avait, pour
faire des économies, et même pour l'aider à payer ses
domestiques, à qui il devait leurs gages, conçu le dessein,
assez simple et assez pratique, du reste, d'aller passer
la première partie de l'année chez son frère l'abbé,
et la seconde dans la Marche, chez M. le comte de
Saint-Julien. Il débuta, en effet, par Luxeuil. La réception de son frère fut cordiale. Mais, au bout de
peu de temps, les enfants avaient-ils été turbulents, la
femme avait-elle été exigeante, le mari avait-il été peu
aimable, ou bien encore, ce qui est possible d'après certaines confidences, quelque malaise s'était-il produit
chez les époux, à raison de l'attitude, peut-être peu ré-
servée, d'un certain abbé Bouvier, résidant alors au palais
comme secrétaire ou comme intendant ? Toujours est-il

(1) Il a laissé une généalogie in-folio de sa famille. Ms. aux mains du
marquis de Chateaubrun.

que, un jour, une brouille survint entre le maître du logis et ses hôtes, même entre les deux époux. Une cérémonie d'apprébendement au chapitre noble de Remiremont, en faveur de Mme de Laborey-Taxis, née de Lentilhac, s'étant offerte, l'abbé s'y présenta seul, sa belle-sœur, quoique née elle-même de Lentilhac, n'y ayant pas été invitée. L'affaire fit du bruit dans la province. Le cardinal de Choiseul, archevêque de Besançon, s'en émut, écrivit à l'abbé de renvoyer de chez lui l'abbé Bouvier, accusé d'être l'occasion de cette discorde familiale. Celui-ci se défendit avec une indignation contenue. Remiremont se mit de son côté et chercha à le disculper. L'abbé de Lentilhac, frère de la marquise, intervint lui-même et non pour décharger sa sœur. Il écrivit au cardinal de Choiseul, pour blanchir l'abbé Bouvier et reporter sur le caractère de sa sœur toute la cause du malaise (1). Les choses allaient s'envenimer quand, heureusement, tout finit par le départ des hôtes du palais. C'est l'abbé de Lentilhac qui avait raison ; on en jugera par cette lettre de l'abbé de Clermont-Tonnerre écrite alors à Mme de Bourbon-Busset :

« Ma chère sœur, je viens de recevoir ma belle-sœur d'Hamonville ; mais quel séjour elle a fait chez moi ! Je l'ai reconnue fausse, inquiète, jalouse, haute, exigeante, et, par surcroit de malheur, vaporeuse... Son dernier voyage à Paris lui a tourné la tête ; et la succession de M. le Marquis de Crécy a achevé de la rendre folle. Elle ne parle à l'univers que de l'amitié, de la confiance de mon père, pour elle, du crédit absolu qu'elle a sur son esprit, et du dépit que vous en ressentez ; du séjour qu'elle se promet en Dauphiné pour faire les honneurs de sa maison, de préférence à vous, parce que, dit-elle, mon père ne se soucie pas de vous ; que son fils a trente mille livres de rente, qu'il n'a besoin de

____

(1) Archives personnelles de la famille de Clermont-Tonnerre.

personne ; qu'il deviendra l'héritier de toute sa famille Et elle le lui a si bien appris qu'il est devenu le plus haut, le plus impertinent, le plus maussade petit sujet qu'il y ait (1)...

« A peine est-elle arrivée à Luxeuil que tout lui parut mauvais, le pain, le vin. Il lui fallait journellement du vin de Vougeau, dont elle savait que j'avais un peu, du pain de boulanger, moins bon que le mien.

« Etant allé à l'apprébendement de Madame sa sœur, à Remiremont, j'y allai seul sans elle, car elle n'y avait pas été invitée. J'en ai pris occasion pour faire ma cour à Mme de Saxe..

« A mon retour, mon frère me fit une scène violente et partit avec ses enfants et tout son train, pour aller planter le piquet à l'abbaye de Lure... Dieu vous en préserve à jamais pour votre tranquillité (2). »

Mais au milieu de ces réunions, que d'aucuns pourraient croire mondaines, hâtons-nous de dire que nous n'avons jamais trouvé trace de ce laisser-aller ou de cette légèreté que certains reprochent volontiers à nos commendataires d'ancien régime et que plusieurs auteurs comtois attribuent à notre abbé. Nous tenons à relever quelques-uns de ces griefs pour en montrer l'inanité.

Certains annalistes disent notre abbé autoritaire, exigeant. Ils prétendent qu'il obligeait ses serfs à battre l'eau de l'étang de la Poche et à chanter en même temps le fameux : « Pâ, Pâ, Renottes, pâ ; voiqui Mousu l'abbé de Luxeu qui doue ; Pâ. » (Paix, paix, reinettes, paix ; voici Monsieur l'abbé de Luxeuil qui dort ; paix (3).»

(1) L'enfant dont parle ici l'abbé est le jeune Stanislas alors âgé de sept ans, qui plus tard, fut député aux Etats généraux et à l'Assemblée nationale.

(2) Lettre de l'abbé à sa sœur Mme de Bourbon-Busset, après l'hiver de 1764-1765.

(3) Rougebief, hist. de la Franche-Comté.

Mais on oublie que l'étang de la Poche était assez loin
du palais abbatial pour que l'abbé n'eût rien à redouter
du coassement des grenouilles... et que, au temps de
l'abbé de Clermont-Tonnerre, cet étang était desséché
depuis des années.

On dit encore que l'élégant équipage de l'abbé ne
respectait rien ; que ses chevaux bousculaient tout sur
leur passage et que leur maître, quand il recevait des
plaintes à ce sujet, se contentait de dire, en jouant sur
son nom : « Le Tonnerre passe partout et ne connaît pas
d'obstacle. » Ici encore, contradiction formelle avec les
faits. De caractère doux, bienveillant, facile, plutôt
faible, de goûts simples et sans faste, il n'avait pas de
chevaux si fringants, ni de carrosse si élégant, et ne
ressemblait en rien au portrait qu'on en fait là.

Faut-il encore contredire l'anecdote suivante ? On
conte, en effet, parfois, que sa mère, doutant de sa piété,
et voulant savoir s'il disait son bréviaire, avait un jour
glissé dans le livre un billet de crédit et que, une semaine
après, elle l'y retrouva, ce qui prouvait que, durant ce
temps, le bréviaire n'avait pas été ouvert. Mais, la piété
de l'abbé n'a jamais été mise en doute, ni par ses fami-
liers, ni par ses religieux: Dom Grappin (1), qui se fait
l'écho de ces derniers, dans son histoire de l'abbaye, vante,
et avec preuves, la piété et les mœurs de l'abbé.

Ce témoignage aussi nous autorise à rejeter bien loin
cette autre anecdote, qui se colporte dans nos guides
luxoviens : on y raconte que, l'abbé ayant à sa table une
jeune dame qui s'était barbouillé la joue en mangeant de
la confiture, il lui avait enlevé la tache dans un baiser (2).
Nous n'insistons pas. Ce que nous venons de dire suffit
à la défense de l'accusé.

Mais, dit-on encore, il était dépensier et toujours à
court d'argent. Qu'il ait été dépensier, qu'il se soit sou-

(1) Hist. m. s. de l'abbaye de Luxeuil. A la bibliothèque municip. de
Besançon.

(2) Ecrement, *Essai historique sur Luxeuil*, 1 vol. in-8°. Lure, 1865.

vent trouvé gêné et ait fait, de temps en temps, des
dettes, nous sommes forcé de le reconnaître, ayant eu
en mains des billets souscrits même aux gens de
son entourage, témoins les six ou huit mille livres qu'il
devait à son intendant, quand il sortit de son abbaye.
Mais les dettes, quand on les paye, ne font de mal qu'à
la bourse de qui les solde. Et, d'autre part, n'a-t-on pas
lieu d'être indulgent quand on voit l'emploi qui a été
fait de l'argent prêté pour l'embellissement du palais
abbatial ?

Enfin, insistera-t-on, il allait à la chasse, et cela n'est
guère ecclésiastique.... Qu'il ait aimé la chasse et qu'il
se soit adonné parfois à cet exercice, nous le concédons
volontiers, d'autant plus que la tradition luxovienne
est que l'abbé possédait une race de chiens particulière,
qu'il cultivait avec soin (1), et que nous le voyons faire
souvent du gibier l'objet de ses libéralités. Quand son
père ou sa mère prennent les eaux à Plombières, il leur
envoie lièvres et perdreaux ; quand ceux-ci doivent recevoir « le Roi de Pologne », Stanislas de Lorraine, il
fait battre ses forêts pour leur fournir de quoi fêter
leur hôte royal. Quand son frère Joseph-François traite
quelque personnage à Hamonville, il lui expédie un
panier de venaison.

Du reste, n'était-il pas naturellement invité à cet
exercice, par ses magnifiques forêts de hêtres et de chênes
séculaires, abondamment pourvues de gibier de toute
espèce et de toute grandeur ? Sans doute, il en cédait

(1) Ces chiens, vulgairement appelés : chiens de l'abbé de Clermont-
Tonnerre, ou chiens de Lunéville, ou chiens de porcelaine sans doute à raison du luisant de leur poil, se sont maintenus purs de race depuis le xviiie
siècle. L'abbé de Clermont-Tonnerre en donna un couple à son médecin,
le docteur Coillot, de Montbozon, en reconnaissance des soins médicaux
que celui-ci lui avait prodigués. Depuis cette époque, la famille Coillot
avait conservé cette race dans toute sa pureté ; aujourd'hui elle existe
encore en Franche-Comté, spécialement à Mailley (Haute-Saône). (*Les
chiens de chasse et la théorie de la chasse*, brochure in-4º. Imp. Paul Dupont,
Paris, 1896.)

Anne-Antoine-Jules de Clermont-Tonnerre
Évêque élu de Châlons-sur-Marne
(1749-1830)

volontiers l'usage ; nous savons même qu'il prélevait
de ses cessionnaires la part cynégétique de l'animal
tué, en l'espèce le quartier de derrière du cerf ou de la
biche, la hure du sanglier, le cuissot du chevreuil ; mais
il ne se réservait pas moins à lui-même le droit de
chasser dans ses forêts et l'on ne peut guère s'étonner
qu'il en usât.

Sur ce point, que l'on nous permette de ne pas
porter un jugement trop sévère. Si la chasse, quand
elle devient passion, et surtout quand elle est exercée
pas un pasteur d'âmes au milieu de son peuple, est
vraiment à proscrire, surtout parce qu'elle scandalise
alors les fidèles d'une paroisse, elle l'est moins, quand elle
a pour théâtre de grandes forêts isolées et que le chasseur
y est loin de tout œil indiscret. Enfin, on nous accordera
sans peine que, passion pour passion, il en est de plus
condamnables.

Laissons donc de côté toutes ces accusations tendan-
cieuses et même, pour le moment, oublions l'abbé lui-
même ; et, sans toutefois quitter le palais abbatial, fixons
nos regards sur l'un des hôtes qui l'édifia le plus. On l'appelait, à Luxeuil et à Besançon, l'abbé de Tonnerre ;
plus tard, à Toulouse, on l'appellera le cardinal-arche-
vêque. Ici et là il restera pour nous l'un de nos plus
illustres compatriotes.

LE CARDINAL
ANNE-ANTOINE-JULES DE CLERMONT-TONNERRE
(1749-1830)

Le cardinal Anne-Antoine-Jules de Clermont-Tonnerre, fils puîné du marquis Charles-Henri-Jules de Clermont-Tonnerre et d'Anne-Julie Le Tonnelier de Breteuil, était né à Paris le 1er janvier 1749. Destiné,
à titre de cadet, selon les mœurs du temps, à l'état ecclésiastique, il avait été, dès le début de sa vie, appliqué

aux études cléricales. Celles-ci terminées, il fut nommé abbé commendataire de Saint-Pierre de Melun, bénéfice qu'il échangea plus tard contre celui de Montiérender. Il devint ensuite vicaire général de Mgr de Durfort, lequel fut archevêque de Besançon depuis 1774. Il fut reçu membre de l'Académie de Besançon le 24 mars 1779 et devint président de cette compagnie le 3 janvier 1781.

Comme c'était à l'influence et sur la présentation de l'abbé de Luxeuil qu'il avait été accueilli comme vicaire général, par Mgr de Durfort, on comprendra que le prélat s'entretienne avec l'abbé de son collaborateur. Voici comment il le fait, dans une lettre qu'il lui écrit le 20 janvier 1778 :

« Monsieur l'Abbé, votre cher neveu ne saurait jamais vous rendre toute la satisfaction que j'éprouve à son sujet, depuis que j'ai l'avantage d'être le fidèle témoin de tout son zèle à partager ma sollicitude pastorale. Je lui dois la confiance la plus entière et je me plais d'autant plus volontiers à la lui accorder, sans réserve, que j'ai la consolation de voir qu'il s'est déjà acquis celle de tout mon diocèse, qui rend justice à ses lumières, à son activité et au désir qu'il a d'obliger tout le monde, sans s'écarter en rien des règles d'un sage gouvernement. Sa santé ne souffre point d'un travail assidu, et vraiment pénible, auquel il s'est livré tout entier, depuis son retour de Paris. Et plus j'ai tardé à rendre hommage à sa bonne conduite, à son bon caractère et à ses grands succès, dans un pays où on ne fait grâce à personne, plus vous devez ajouter foi à la vérité des éloges que je me fais un devoir et un plaisir de lui donner aujourd'hui en vous renouvelant à vous-même tous mes remerciements d'avoir contribué, plus que personne, à le fixer dans mon diocèse, qui connait, tout aussi bien que moi, tout le prix du présent que vous m'avez fait. Je souhaiterai fort, Monsieur l'Abbé, qu'il ait autant de satisfaction auprès de moi que j'en éprouve moi-même dans l'honneur qu'il me fait. On ne cesse de l'admirer dans ce pays-ci : et en vérité, il est impossible de réunir autant de bonnes qualités que l'on en admire dans son esprit et dans son cœur. C'est une fleur qui portera son fruit en peu de temps. Et j'aime à me persuader que le clergé de France saura bien l'apprécier tout ce qu'il vaudra, lorsque se présentera quelque occasion importante de récompenser son mérite... »

Comme on le voit dans cette lettre, l'archevêque de Besançon a déjà dans l'esprit l'espérance de l'élévation prochaine de son cher vicaire général à l'épiscopat ; et cette pensée, relative au neveu, lui fait naturellement penser à l'oncle. On se rappelle les désirs non réalisés de l'abbé de porter la mitre épiscopale et les démarches infructueuses de son père tendant à cette fin. C'est à ces déboires que l'archevêque fait allusion quand, continuant sa lettre, il écrit :

« Pour vous, Monsieur l'Abbé, je suis infiniment peiné que le nouveau distributeur des grâces diffère si longtemps à vous dédommager des injustices que vous avez éprouvées sous ses devanciers ; et faites-moi d'être bien persuadé de tous mes regrets de n'avoir aucun empire sur son esprit et sur son cœur. »

Le fruit, que l'archevêque de Besançon voyait déjà dans la fleur, ne tarda pas à sortir, et, le 25 décembre 1781, son vicaire général fut nommé à l'évêché de Châlons-sur-Marne. Dès que l'abbé de Luxeuil fut saisi de cette nouvelle, il s'empressa d'envoyer au récent élu toutes ses félicitations et en reçut sans tarder la réponse suivante :

« Besançon, le 4 janvier 1782.

« Il y a longtemps, mon très cher oncle, que j'aurais dû vous faire le compliment que vous m'adressez. Des droits et des titres bien plus réels vous avaient rendu digne de la grâce que le roi vient de m'accorder. Tout, enfin, vous appelait, avant moi, à la place que je vais occuper.

Il a fallu cette suite de circonstances singulières, qui semblent poursuivre ceux qui doivent le moins en éprouver. Je reconnais, mon cher oncle, la bonté de votre cœur et votre amitié pour moi, dans la prédilection que la fortune me donne, et je vous remercie de tout mon cœur de la part que vous y prenez. Je serai bien éloigné de remplir cette place comme vous l'auriez fait, mais j'y apporterai de la bonne volonté et j'espère que vous m'aiderez de vos conseils. Je serais bien heureux si je pouvais avoir le plaisir de vous recevoir à Châlons...

« Adieu, mon cher oncle, comptez sur mon zèle, mon dévouement pour tout ce qui pourra vous être agréable ; et agréez l'assurance des sentiments tendres et respectueux avec lesquels je suis votre très humble et très obéissant serviteur.

« L'abbé de Tonnerre, nommé par le Roi à l'évêché de Châlons-sur-Marne. »

Sur ces entrefaites, l'évêque nommé fut pris, à Paris, par la maladie et dut y rester quelque temps pour se rétablir. Son archevêque, toujours empressé et affectueux pour lui, se prend à son sujet, de certaines inquiétudes ; il se préoccupe de sa santé, qui, pense-t-il, pourrait l'obliger à se faire sacrer à Paris. Pour lui cela le contrarierait beaucoup, ne pouvant pas, à ce moment, se rendre dans la capitale pour procéder au sacre ; il craint, alors, que, le siège de Paris étant vacant, nul pontife ne soit là pour faire la cérémonie. Il se demande encore si le voyage du pape à Padoue ne va pas retarder l'expédition des bulles. Sur ces divers sujets, l'archevêque s'ouvre encore à l'abbé de Luxeuil, dans une lettre dont nous ne retiendrons que le passage suivant :

« Au château de Gy, ce vendredi 5 avril 1782.

« Monsieur l'Abbé,

« ... Je viens d'apprendre par un de mes grands vicaires, qui m'écrit de Paris, que Mgr l'Evêque de Châlons, votre neveu, se guérit peu à peu de son mal aux jambes, mais qu'il n'est pas encore suffisamment rétabli pour pouvoir se faire sacrer dimanche prochain comme il en avait eu le projet. L'abbaye de Montiérender qu'on vient de lui donner en échange de celle de Saint-Pierre de Melun, qu'il a quittée, a été chargée de plusieurs pensions, ce dont je suis très touché [peiné] parce que cette diminution prolongera son malaise, inséparable des frais inévitables de son changement d'état. *Et experto crede Roberto...*

« Recevez, etc....

« † Raymond, archevêque de Besançon. »

L'évêque de Châlons ne devait pas quitter notre terre comtoise, qui, à certains égards, était aussi la sienne, sans y laisser une partie de son cœur. Autrement, il aurait été ingrat. Il y avait contracté des attaches puissantes. Il laissait à Vauvillers un père et une mère, seigneurs de leur nouveau duché pairie ; à Luxeuil, un oncle plein de bienveillance pour lui, chez lequel il était venu maintes fois se délasser de ses fatigues d'administration ; et, non loin de ceux-ci, sur les pentes des Vosges, au ch teau de Hamonville, toute une famille qui se rattachait à lui par des liens étroits de parenté et plus encore par d'affectueuses relations d'amitié.

Son sacre eut lieu à Paris, le 14 avril 1782.

Nous ne pouvons le suivre dans les différents actes de la première phase de sa vie d'évêque. Disons pourtant, rapidement, qu'il fut bientôt député aux Etats généraux et membre de la Constituante, qu'il y signa toutes les protestations du côté droit, en particulier : l'exposition des évêques contre la constitution civile du clergé ; qu'il émigra en Hollande, séjourna en Suisse et se fixa à Altona ; que, rentré dans sa patrie, en 1798, il prit part à « l'instruction des évêques sur les atteintes à la religion » ; qu'il refusa d'adhérer au Concordat et donna sa démission en 1801.

Il vécut retiré jusqu'au retour des Bourbons.

Alors il fut appelé à la pairie (1814), nommé de nouveau à l'évêché de Châlons (1817), mais, ce siège n'ayant pas été rétabli par le pape, il fut promu à l'archevêché de Toulouse (1820). Il prit possession de son siège le 16 octobre de cette année. Parmi les actes de son administration archiépiscopale, nous pouvons signaler : les efforts qu'il fit pour éteindre les restes du schisme constitutionnel ; la réouverture de ses maisons d'éducation cléricale ; la construction de son grand séminaire ; la publication du rituel et des statuts synodaux de son diocèse.

Créé cardinal en 1822 par Pie VII, sous le titre de la Trinité des Monts, il prit part aux conclaves de 1823 et de 1829. C'est lui qui harangua le roi Charles X à la cérémonie de son sacre. Il se fit remarquer par la finesse de son esprit, l'éclat et la distinction de son genre de vie ; la noble intransigeance de son attitude dans les affaires ecclésiastiques ; surtout par son mandement de 1827, sur les intérêts de la religion en France, qui le fit condamner comme d'abus par le Conseil d'Etat et encore par son mémoire au roi daté du 1er août 1828, mémoire qu'il adressa au monarque, au nom de tous les évêques de France, dont il était le doyen. Ce mémoire avait pour objet de protester contre les fameuses ordonnances du 16 juin de la même année. Mais on a retenu surtout la brève et fière réponse qu'il fit à Mgr Feutrier, le 8 octobre suivant, lorsque ce prélat, ministre de l'instruction publique, lui demandait de se soumettre aux ordonnances royales :

« Monseigneur, lui écrivit-il, la devise de ma famille, devise qui lui a été donnée en 1120 par Calixte II, est celle-ci : *Etiamsi omnes, ego non* (quand même tous, moi pas). C'est aussi celle de ma conscience. »

Après un archiépiscopat de dix années, relevé par la pourpre romaine et rempli de multiples œuvres de piété, de charité et d'apostolat, il mourut, en 1830, à Toulouse, âgé de quatre-vingt-un ans. L'abbé de Mac Carthy prononça son oraison funèbre.

On a de lui, à l'archevêché de Toulouse, un portrait le représentant vieilli et voûté. Nous pourrions le reproduire, mais nous préférons la toile où, plus jeune, résidant à Besançon, et nouvellement élu évêque de Châlons, il est peint par Wyrsch (1), l'artiste si goûté

(1) Ce portrait de l'évêque élu de Châlons-sur-Marne, après avoir orné les appartements particuliers de Mgr de Durfort, fut offert par le prélat, lors de son départ pour l'émigration, à son médecin et ami, le docteur Rougnon, qui, à son tour, le légua à sa famille, de laquelle est le commandant Drouhard, de Besançon qui le possède aujourd'hui. Haut. 0^{m}98 ; largeur 0^{m}55, toile ovale, dans un cadre de style Louis XV, en bois doré et sculpté.

Le prélat est vu en buste allongé de trois quarts à droite. L'ovale délicat et gracieux de son visage vu de face est d'une belle carnation ; les yeux bruns, sous des sourcils chatains, sont vivants ; les cheveux chatains et légèrement poudrés se relèvent en un seul rang de boudins ; les lèvres dont la commissure est un peu arquée, paraissent souriantes.

Il porte un camail de soie violette à liserés et boutons rouges et petit capuchon, dont les plis artistement drapés sur le bras droit, laissent apercevoir, sous la doublure en soie rouge du camail, un coin de la dentelle qui orne la manchette du rochet. Un large ruban, placé sous un rabat noir bordé de blanc, soutient une croix latine en or ciselé.

Au dos de la toile, le peintre a écrit : *Anne-Antoine-Jules de Clermont-Tonnerre nommé à l'évêché de Châlon* (sic) *sur Marne le 24 X* (décembre) 1781. *Peint par Wyrsch.* 1782. — Le cliché de ce portrait et les notes s'y référant nous ont été aimablement communiqués par M. Blondeau, conseiller à la cour d'appel de Dijon, qui s'est spécialisé dans l'étude des œuvres de notre Wyrsch.

Ce peintre, suisse d'origine, était venu à Besançon en 1768 et avait eu, de cette date à celle de 1786, où il devint aveugle, une grande vogue en cette ville. Il y exécuta des œuvres nombreuses, notamment une toile qui lui fit grand honneur, représentant toute la famille du marquis de Mollans, onze personnages en pied. Particularité spéciale, en même temps qu'il livrait sa toile, il livrait aussi le cadre, et veillait à ce que l'encadrement fît valoir le fond. Pour cela, il avait accrédité un atelier de sculpture, que dirigeait le maître Luc Breton, dans l'immeuble du Saint-Esprit, et dans lequel il groupait ses anciens élèves. Aussi on remarquera que le cadre du portrait que nous présentons, simple ovale, il est vrai, ne manque ni d'élégance de forme, ni de richesse d'ornementation, ni de finesse de sculpture. Wyrsch, retourné dans son pays, y mourut en 1797.

des Comtois de la fin du xviiie siècle. Avant de partir pour Châlons, il avait destiné cette toile, comme un souvenir de respectueuse reconnaissance à son archevêque Mgr de Durfort. Le souci que nous prenons de la choisir de préférence à l'autre indiquera encore notre désir de considérer le modèle comme un enfant de la Comté.

V

L'agonie du régime

L'abbé trouvait sans doute dans l'intimité de son palais un attrait particulier, ayant l'occasion d'y traiter de ses affaires administratives, d'y recevoir sa famille et de s'y livrer aux occupations et distractions intellectuelles qui lui étaient agréables. Mais, au dehors, que de sujets d'inquiétude s'offraient à lui, surtout dans les années qui sont comprises entre 1780 et 1789 ! Dans cette période, en effet, vers quelque lieu que nous tournions nos regards et de quelque côté que nous prêtions l'oreille, nous ne voyons que des faits d'opposition, nous n'entendons que des doléances.

Voici d'abord la lutte ouverte entre le bailliage de Luxeuil et le présidial de Vesoul. Les abbés de Luxeuil, comme les seigneurs de Vauvillers et d'autres encore, revendiquaient jalousement le droit pour chacun de leurs bailliages respectifs d'être assimilés aux bailliages royaux et de ne ressortir qu'au parlement de la province. Or, le bailliage-présidial de Vesoul, s'autorisant d'un édit royal de mars 1775, refusait au bailliage de la terre de Luxeuil ce privilège et prétendait soumettre ce siège à son propre appel. Il ne fallut pas moins que de longs

débats et des lettres patentes du roi (1) pour rappeler
à la raison le présidial vésulien. Mais ce n'étaient là que
des débuts, le malaise devait s'accentuer de jour en jour.

Après la question des bailliages, vint celle des fours
banaux. Dans la terre de Luxeuil, comme dans toute
terre seigneuriale, le droit d'ouvrir des fours à cuire le
pain était un droit féodal, dont le seigneur était jaloux
et dont il tirait profit. A Luxeuil, ce droit existait encore vers 1780, quoique la ville fût affranchie depuis
longtemps. Or, les officiers municipaux supportaient à
regret cette vieille servitude et n'en payaient la redevance
qu'avec peine. Plus d'une fois, pour l'obtenir, l'abbé
dut-il plaider ? C'était encore là un signe des temps.
Pour paix avoir, il consentit en décembre 1781, avec la
ville, une transaction par laquelle il céda son droit. La
ville devint ainsi propriétaire à perpétuité des fours
« moyennant le cens annuel de 300 livres et la cession
d'une maison quiétait au devant de l'abbaye ». C'était
encore un privilège arraché à l'autorité seigneuriale de
l'abbé, encore une concession, encore une déchéance !

De la part de ses religieux, l'abbé ne rencontrait pas
plus de satisfaction. L'antique règle de Saint-Colomban,
mitigée du reste par celle de Saint-Benoît et accommodée
aux temps nouveaux par les réformateurs de Saint-Hidulphe et de Saint-Vanne, semblait ne plus leur convenir.
Du moins, bon nombre d'entre eux, suivant en cela
l'impulsion et l'exemple de leurs confrères de Lure,
pensaient à leur sécularisation. En effet, dans une pièce

____

(1) Lettres patentes du Roi, sur arrêt du 19 juillet 1776 :

« Nous, sur arrêt aujourd'hui rendu en notre Conseil d'Etat, avons
conformément au dit arrêt... et sans avoir égard au jugement du présidial
de Vesoul du 23 mai 1775 qui sera et demeurera nul comme non avenu
ainsi que ce qui s'en est ensuivi ou pu s'ensuivre, maintenu et maintenons
respectivement le S. duc de Clermont-Tonnerre, pair et maréchal de France,
et le S. abbé de Luxeuil dans tous les droits dont les terres, justices et seigneuries de Vauvillers et de Luxeuil sont en possession et notamment dans
celui de ressort immédiat à notre Parlement de Besançon. En conséquence,
ordonnons, etc.... signé : Louis. »

que nous avons sous les yeux, ils exposent que leur claustration leur pèse ; qu'ils préféreraient un ministère extérieur ; que, du reste, leur recrutement est médiocre comme qualité, ce qui ne les flatte pas ; que leur avenir matériel n'est pas assuré et que dès lors ils désireraient se transformer en un chapitre collégial. Ces sentiments et impressions de leur côté expliquent peut-être les tentatives que d'autre part les officiers municipaux, répondant ainsi à leurs vœux, font pour les employer à quelqu'une des institutions qu'ils rêvent de créer.

C'est ainsi que, en 1776, ils leur proposent de prendre la direction d'un collège militaire que la ville projette d'ouvrir. Les offres étaient tentantes. Nulle école, au dire des municipaux, ne se trouverait dans de meilleures conditions : localité éloignée des grands centres qui pourraient lui faire concurrence ; école située en pleine campagne, au grand air et dans le voisinage de belles forêts, ayant à son usage des eaux thermales... et surtout disposant d'une abbaye qui offrirait de superbes bâtiments, avec des religieux assez nombreux pour, à la fois, remplir les fonctions du saint ministère dans la ville, vaquer aux études prévues par leur règle, et donner leurs soins aux jeunes étudiants qu'on leur confierait. La requête annonce, avec une certaine fierté, que l'abbaye compte à ce moment 28 prêtres. Le projet ne se réalisa pas. Mais, quel que fût son avantage pour les uns et pour les autres, nous n'en retiendrons qu'un point, c'est que le seul fait pour l'abbaye de l'accueillir et de l'étudier dénotait assez l'inquiétude d'esprit des religieux du couvent.

C'est ainsi de plus que, le 9 avril 1777, la ville, ayant changé d'avis, rêve cette fois d'instituer dans ses murs une école de chirurgie et pense encore aux moines, dont elle espère faire les professeurs de sa nouvelle école ou au moins les collaborateurs de ses futurs maîtres et les aides de ses futurs élèves. Nouveau projet qui n'aboutit pas, mais dont l'accueil qu'il reçut, de la part des moines, laisse deviner les sentiments de malaise qu'éprouvait le personnel monacal.

Faut-il pousser plus loin et chercher de nouvelles preuves de cette mentalité ? Hélas ! Nous n'avons qu'à considérer les relations administratives et quotidiennes de l'abbé avec ses religieux.

Nous avons dit plus haut que l'abbé, lorsqu'il prit en mains l'administration de sa mense, l'avait confiée à des fermiers auxquels il avait consenti des baux. Or, ces fermiers ayant mal cultivé la terre, ou n'ayant pas payé leur fermage, avaient été congédiés ; et l'abbé pensant mieux agir, avait loué les terres de sa mense à ses religieux eux-mêmes. Les choses n'en avaient marché guère mieux et, vers 1780, nous voyons l'abbé, chaque jour, obligé de tenir tête à l'orage, forcé tantôt de mesurer à nouveau ses champs, tantôt de réclamer des paiements, tantôt de vérifier des bornes, tantôt de discuter des exigences, tantôt de contester des prétentions. En dernier lieu, ses religieux lui réclamaient des indemnités, à raison de non-jouissances. Bientôt même, entre le couvent et le palais abbatial, il n'y a plus de rapports que par voie d'huissier.

Dom Rebillet, procureur du couvent et, comme tel, régisseur de la mense abbatiale, déclare dans une lettre qu'il ne veut plus avoir de relations avec M. de Clermont-Tonnerre et qu'il attend de la justice seule la solution des difficultés qu'il a avec lui. En somme, le malaise était dans la place, le marasme était dans l'air et le système de la commende était bien ébranlé.

Du côté des fidèles, au point de vue paroissial, il n'en allait pas mieux. Et comment en eût-il été autrement ? L'abbé avait à vivre et à se débattre au milieu de gens d'intérêts si opposés et de sentiments si contraires ! Trois autorités se disputaient la juridiction et la direction des ouailles de Luxeuil : d'une part l'abbaye, excipant de son ancienneté, de sa notoriété et même de certaines autorisations pontificales, revendiquait, en principe, toute juridiction sur les fidèles de la ville. D'autre part, le curé de Saint-Sauveur, village-faubourg, s'appuyant sur les décisions de son Ordinaire et sur les statuts du diocèse de Besançon, réclamait ses droits curiaux à l'égard des fidèles de Luxeuil. Enfin les chapelains de Saint-Martin, formant, sur la place de ce nom, une collégiale urbaine dont ils faisaient remonter l'origine à la période romaine, c'est-à-dire avant même l'arrivée des moines, prétendaient pouvoir exercer toute juridiction sur les fidèles de la ville.

Il serait trop long, et peut-être fastidieux, de relever en détail les arguments que chacune des parties faisait valoir à l'appui de sa cause. Nous nous contenterons de signaler que, après des luttes sans fin et des discussions interminables, ces trois autorités, de guerre lasse et après décision de leurs chefs respectifs, s'étaient à peu près fait les concessions suivantes : L'abbaye avait concédé au curé de Saint-Sauveur : 1º qu'il serait le curé *des fidèles*, mais non le curé de *la ville;* 2º que, en tant que curé des fidèles, il pourrait exiger d'eux qu'ils vinssent chez lui, pour le baptême, la communion pascale et le mariage, cela toutefois, à deux conditions, qui lui paraissaient suffisamment ménager sa susceptibilité et son autorité. La première, visant les chapelains, était qu'elle continuerait de présider et de diriger par un de ses religieux, qu'elle nommait recteur, la communauté de ces prêtres citadins; la seconde, visant le curé de Saint-Sauveur, était qu'elle irait en signe d'autorité et de juridiction présider dans l'église et le village de Saint-Sauveur, certaines cérémonies et en particulier la procession des Rogations, après laquelle le dit curé serait tenu d'offrir à ses visiteurs un repas, dont, du reste, ceux-ci s'étaient engagés à payer l'écot.

Mais toutes ces combinaisons ingénieuses et savantes en cette fin du xviiie siècle n'étaient guère respectées. Laquelle l'était le moins mal ? Ce serait difficile à dire.

L'abbaye, de plus en plus attachée au ministère quasi
pastoral qu'elle accomplissait dans la chapelle de Saint-
Martin, ne préférait rien tant que d'en continuer l'exercice, dût le curé de Saint-Sauveur en maugréer à son
aise ; et de fait, pour les offices courants de semaine ou
du dimanche, et même pour les sépultures, c'était elle,
qui, par son recteur, assurait leur service. Les simples
chapelains, heureux de faire autour d'eux du pastorat,
quoiqu'ils le fissent au nom et pour le compte de leur
recteur moine, se tenaient pour suffisamment vengés
de leur tutelle monacale en rédigeant et en conservant,
sous clef, la nomenclature de leurs griefs vis-à-vis des
moines ou même le recueil des pires invectives qu'ils
formulaient contre eux. Quant au curé de Saint-Sauveur,
il était bien forcé d'accepter l'état qui lui était imposé.
Oserions-nous dire que, étant au delà du pont qui le
séparait de la ville, c'est-à-dire hors de la place, il se
trouvait dans la situation la plus défavorable pour
résister à l'attaque ? Il en était réduit aux petits moyens.
La tradition rapporte qu'il en usait à ses jours et
que, au temps des Rogations, quand les moines venaient
officier chez lui, et qu'il les admettait ensuite à sa table,
il leur faisait sentir, par une frugalité affectée, qu'ils
n'étaient pas *personae gratae*. D'aucuns disent même
qu'il ne leur servait qu'un plat de noisettes au dessert,
dussent, pour les manger, les dents faire défaut à plusieurs.

Les dispositions des paysans de la terre n'étaient pas
non plus, pour l'abbé, un des moindres sujets d'inquiétudes. Avertis et enhardis par l'édit que Louis XVI
avait rendu, au mois d'août 1779, portant suppression
de la mainmorte dans ses propres domaines, les paysans
de la terre luxovienne avaient espéré qu'ils seraient

(1) Voir les mémoires du chapelain Grandmasson, cahier m. s. aux arch.
dép. de la Haute-Saône. Ce m. s. porte ces mots : « Il ne doit pas sortir du
coffre particulier des chapelains. »

émancipés à leur tour, mais l'édit d'affranchissement du
roi n'ayant pas eu d'effet en Franche-Comté (1), nos
mainmortables eurent à faire des démarches particulières. Ceux de Briaucourt, village voisin de Luxeuil, qui
semblent avoir pris la tête du mouvement, rédigèrent
alors (1er octobre 1781), à cette fin, une supplique qu'ils
remirent à leur abbé, avec prière de la faire présenter
au monarque. Elle révèle assez l'état d'esprit de ses signataires et celui des populations dont elle était l'écho.
Elle demande à être citée :

« Au Roy,

« Supplient humblement les habitants et communauté
de Briaucourt, et disent :

« Que Sa Majesté, aiant bien voulu effacer à jamais
toute macule de mainmorte dans ses domaines et aiant
désiré que son exemple soit suivi dans les terres des
Seigneurs particuliers, afin que tous ses sujets profitent
du bienfait de sa loi et recueillent tous les avantages,
qui en doivent résulter, les suppliants pensent devoir
autoriser le porteur des présentes à représenter très
humblement à Sa Majesté et à son conseil : qu'ils ont
le malheur d'être nés dans la mainmorte la plus rigou-
reuse, qui est celle de l'abbaye de Luxeuil, en Franche-
Comté.

« Ici, en effet, elle affecte les personnes et les biens
de telle manière que ses sujets mainmortables ne
peuvent s'affranchir par désaveu, ny d'aucune manière,
le seigneur abbé étant le maître absolu de leur accorder
ou de leur refuser l'affranchissement personnel ;

« Ils ne peuvent se marier hors de la terre, sans le
consentement exprès du Seigneur et à peine de commise de tous leurs biens.

« Lorsqu'ils n'ont point d'enfants vivants ils ne

(1) Malheureusement pour nos paysans luxoviens, l'édit de 1779 ne devint
pas exécutoire en Franche-Comté, par suite du défaut d'enregistrement
au Parlement de Besançon.

peuvent vendre, aliéner ny hypothèquer leurs biens sans le consentement du Seigneur, consentement que l'on n'obtient qu'au moyen d'une composition ;

« Ils ne peuvent sortir de la terre pour aller demeurer ailleurs, sans le consentement du Seigneur à peine aussi de commise de tous leurs biens ;

« Les ascendants, lors de la perte de leurs enfants, n'ont pas même le triste dédommagement d'en hériter ;

« S'ensuivent encore telles autres charges plus onéreuses aux soussignés que profitables à leur seigneur.

« Aujourd'hui donc, que les affranchissements de cette odieuse macule se multiplient et que par là l'état des mainmortables devient plus humiliant et plus insupportable que jamais, les soussignés désirent se délivrer d'une servitude qui les retranche de la société des autres citoyens, pour les marquer du sceau d'une douloureuse humiliation. Et comme leur affranchissement dépend principalement de Sa Majesté et de son Conseil, puisque leur seigneur, étant un prélat bénéficier, ne peut changer la nature de ses droits sans l'autorité du Roy, ils autorisent le porteur de la présente à consentir, en leurs noms, à l'affranchissement, aux mêmes conditions que celles que le Roy a imposées aux sujets mainmortables de ses domaines, ou à obtenir, des bontés de Sa Majesté, le pouvoir de traiter avec leur Seigneur abbé, de la manière qui leur sera la moins onéreuse et qui pourra être la plus profitable au bénéfice. »

La pièce était signée par tous les chefs de famille de la paroisse de Briaucourt, et les signatures étaient légalisées par le curé de Conflans et Briaucourt. L'abbé reçut la pièce et la transmit officiellement au roi. On apprendra avec satisfaction qu'il l'apostilla en la recommandant de son mieux. Cette attitude lui était d'autant plus naturelle qu'elle répondait aux sentiments que dès 1773 il avait exprimés au roi au sujet du pénible état de servage et des inconvénients qu'il engendre (1). La communauté de Briaucourt, pas plus que les autres de la terre, ne fut comprise dans quelque mesure de faveur ; et l'abbé dut continuer à se débattre avec tous ceux qui l'entouraient, abandonnant de jour en jour tel ou tel de ses anciens droits, moyennant quelque redevance chèrement achetée.

Ainsi, les rouages de cet organisme vieilli se disloquaient les uns après les autres.

On devine comment, dans ces circonstances de temps et dans ces conditions d'esprit, les habitants de Luxeuil et les paysans de la terre abbatiale accueilleront les événements de l'ère révolutionaire qui va s'ouvrir.

(1) Dès 1773, l'abbé de Clermont-Tonnerre avait présenté au roi une requête pour lui proposer l'extinction et l'abolition de la servitude de main-morte dans tous les villages dépendant de l'abbaye : «.... Depuis trente ans, écrivait-il, que le suppliant est pourvu de cette abbaye, il n'y a vu que des hommes lourds, indolents, découragés et abattus, des terres incultes, une culture absolument négligée, nul commerce, point d'émulation et une apathie générale ; tandis que les habitants des villages libres, leurs voisins, sont vifs, actifs, laborieux ; leurs terres sont bien cultivées et rendent d'abondantes récoltes. Ce contraste entre les habitants d'un même pays ne provient que de ce que les uns réduits à une espèce d'esclavage et n'ayant qu'une jouissance précaire, un simple usufruit de leurs fonds, bornent tous leurs travaux à leurs besoins présents... ; au lieu que les autres, vrais propriétaires, avec la libre disposition de leurs fortunes, travaillent non seulement pour eux mais pour leurs enfants, ne mettent d'autres bornes à leurs travaux que celles qu'exige le repos du corps ; la main-morte est donc, dès lors, tout à la fois destructive de l'agriculture, de la main-d'œuvre et du commerce. Elle est révoltante pour l'humanité. Elle anéantit en quelque sorte l'existence humaine... »

Cette requête suivit son cours, mais ne fut jamais agréée.

(V. Finot : La mainmorte au bailliage d'Amont.)

VI

L'assaut du monastère

On était en juillet 1789, à quelques jours de la démolition de la Bastille et au lendemain de la fatale explosion de notre château de Quincey (1). La nouvelle du
premier événement, qui s'était répandue dans la France
avec une surprenante rapidité, avait, ici, violemment
surexcité les esprits et soulevé les passions. Mais l'annonce de l'explosion de la mine de Quincey et de la
destruction de son château, sous le coup de la fureur
populaire, avait peut-être plus encore ému les paysans
de la terre de Luxeuil.

Dès le 18 du mois, les habitants de Saint-Sauveur,
village contigu à Luxeuil, avaient décidé, en conseil,
de massacrer tout ce qui « dans la ville, était noblesse
et parlement ». L'intervention du maire, homme
sage et prudent, avait seule pu contenir cette fureur
homicide (2).

Le 19, les habitants de Fougerolles se mettent en marche pour Luxeuil, jurant de détruire le contrôleur des
actes et ses registres. Chemin faisant, ils rencontrent le
carrosse de M. et Mme de Montessus, baigneurs craintifs

(1) Nous avons relaté l'incident de Quincey à l'occasion des troubles
de Vauvillers, première partie, page 54.

(2) Le récit des journées de Luxeuil se trouve dans sept lettres écrites
par madame Gauthier, venue de Paris à Luxeuil pour y prendre les bains,
et publiées sous le titre : *Voyage d'une Française en Suisse et en Franche-
Comté depuis la Révolution*, Londres, 1790, 2 vol. in-12.

qui s'étaient, à la première alerte, hâtés de sortir de la
ville. Ils arrêtent les chevaux, leur font tourner bride et
ramènent, en lui faisant cortège, la voiture avec la famille qu'elle contient. On devine les impressions des
étrangers à l'aspect de cette cohue. Mme Gauthier,
dès le lendemain, s'en fait l'interprète en ces termes :
« A la vue de cette troupe en désordre, nous nous hâtons
de quitter le salon, où nous étions réunis et nous courons
nous réfugier chez nos hôtes. Comme je demeure à l'un
des bouts de la ville, par où les séditieux arrivaient, je
ne pus faire assez de diligence pour les éviter. Je me trou-
vai enveloppée dans la foule, qu'il fallut traverser,
non sans être regardée d'une manière peu rassurante.
Ils étaient tous armés de haches, de fusils, et d'une arme
qui, d'un côté, forme un stylet et de l'autre un pistolet.
Arrivée dans ma chambre, mon cœur battait bien fort. »

Elle avait, en rentrant chez elle, laissé dans la rue
la princesse de Saint-Mauris (1), qui, dans ce temps,
prenait aussi des bains. C'était la fille de M. de Lan-
geron, commandant de la province et la belle-fille du
prince de Montbarrey. Cette femme courageuse et hardie,
malgré sa jeunesse, finit par calmer quelques-uns des
mutins. Les autres, fiers de leur premier succès, courent
au contrôleur, dont ils trouvent la porte close, et mena-
cent de brûler sa maison. Heureusement la nuit arrive,
ils retournent dans leurs foyers après avoir inutilement
effrayé un honnête employé, maltraité de paisibles
étrangers et troublé toute une ville.

Le 20 se passe sans bruit, mais avec la crainte fondée
de plus grands troubles, pour les jours suivants. On se
disait les uns aux autres que les paysans de la terre
allaient venir, chez les moines, réclamer les papiers
qui les assujettissaient à leurs redevances et revendiquer

____

(1) La mari de cette jeune femme était fils du prince de Montbarrey.
Il tomba sous le coup de la hache révolutionnaire le 17 juin 1794. (Voir :
Le prince de Montbarrey, par M. de Piépape, mém. de l'Académie de Be-
sançon, année 1886.)

des droits nouveaux. Cette crainte appelait des mesures de précaution. Aussi nos municipaux, à l'instar de ceux de Paris, forment une milice bourgeoise, l'arment de quelques fusils, qu'ils ont en réserve dans leur hôtel de ville, distribuent à tous et prennent pour eux-mêmes des cocardes du tiers état.

Puis, pensant ne pouvoir être en sûreté tant qu'il y aurait dans leurs murs des membres de la noblesse opposés au parti du tiers, ils dressent à la hâte une table de proscription. Ecoutons encore Mme Gauthier confirmant et détaillant ces faits :

« Les noms de M. de... et de mon gendre se trouvant sur la liste des proscrits, on leur donne avis de s'évader. Quelle inconséquence ! On ne veut pas qu'ils restent ici, et, pour empêcher qu'on ne sorte, les chemins sont gardés. Ils ont fouillé un laquais, que nous avions envoyé à Besançon, et ne nous ont remis les lettres dont il était porteur qu'après en avoir pris lecture. En sortant de table, où vous imaginez bien qu'on dîna mal, je suivis hors de la ville les deux proscrits. Nous entrâmes dans une maison sûre, où ils se déguisèrent du mieux qu'ils purent. Un camarade d'infortune, âgé de soixante-quinze ans, se joignit à eux. Avec un guide, ils s'enfoncèrent, à pied, dans les bois, où ils marchèrent jusqu'à ce qu'ils soient hors de la province (1). »

Le soir du même jour, la mère de famille ne dormait pas ; inquiète du sort des fugitifs elle rêvait à leur triste voyage quand le guide des proscrits entra et vint donner à toute la maison des nouvelles d'autant plus joyeusement accueillies qu'elles étaient moins attendues. Mme Gauthier reprend la plume et écrit :

« Il est dix heures du soir. Le conducteur de mes chers proscrits vient de revenir ; un autre l'a remplacé auprès d'eux. Un honnête laboureur leur a prêté un cheval.

_____

(1) *Voyage d'une Française en Suisse*, etc., Londres, 1790.

Comme le vieillard qui a uni son sort à celui de mon
gendre ne pouvait plus se soutenir, il y a lieu de croire
que lui seul en profitera. Le guide a dit qu'ils ont marché
une partie de la nuit, par un temps et des chemins affreux.
Ils ont de l'argent, mais ils n'ont pas une chemise.
Leur projet est de gagner Montbéliard, où nous irons
les rejoindre quand nous croirons les chemins moins
dangereux (1). »

Ces faits, quelque douloureux qu'ils fussent, n'étaient
cependant qu'un prélude. Au matin du 21 juillet, le
tocsin sonne dans tous les villages de la plaine. Du
haut du beffroi communal, on aperçoit, sur les routes,
de nombreux groupes de paysans s'attendant les uns
les autres et se réunissant pour marcher de concert.
Ils hésitent d'abord, puis s'enhardissent mutuelle-
ment. Ils approchent... déjà les voici aux portes de la
ville. Ils n'en sont pas à leur premier exploit. Les
uns, avant de quitter leur village, ont détruit leurs
fours banaux ; les autres, en passant, ont dévalisé et
dévasté le château de Sainte-Marie. Lorsqu'ils se présentent, le corps municipal, divisé en plusieurs sections,
accompagnées chacune par une escorte de la milice bourgeoise, marche à leur rencontre. La consigne est de ne
laisser pénétrer que quatre ou six délégués par communauté, et encore à condition qu'ils se rendront paisiblement soit chez les moines, soit chez l'abbé, à raison
de leurs intérêts.

Mais que pouvaient les exhortations pacifiques de
quelques magistrats mal résolus et la résistance peu énergique de quelques miliciens organisés d'hier? Après une
hésitation de courte durée, les portes de la ville sont
franchies, le flot populaire se répand à travers les rues
et court droit à l'abbaye. Des citoyens plus courageux
semblent cependant avoir voulu, jusque dans l'intérieur
de la ville, résister à l'orage. Entre tous les autres, nous

____

(1) Voyage ch. c. Lettre VIe, Luxeuil, 20 juillet 1789.

devons nommer le docteur de Fabert, de Luxeuil.
Dans son journal, il rapporte ainsi son entrée en scène (1):

« Quoique je fusse sans armes, je vais à ceux qui
descendaient la rue du Chêne. Ils étaient alors à côté du
puits qui se trouve au milieu du quartier. « Au nom de
« la nation, leur crié-je, en agitant mon chapeau muni
« de sa cocarde, arrêtez-vous. Qui êtes-vous ? Que
« voulez-vous ? » Ils me disent qu'ils n'en veulent point
aux habitants ; que, étant de Mailleroncourt, ils ont
besoin de papiers, dont les originaux sont chez les pères
bénédictins et qui leur sont nécessaires dans un procès
qu'il ont avec leur Seigneur. C'était là, sans doute, un
spécieux prétexte. Je leur signifie que nul ne passera,
sinon deux des leurs. Le groupe se composait de quinze à
vingt hommes. Ils semblent prêts à se conformer à ma
défense ; mais, derrière eux, et à peu de distance, se
pressaient ceux des Landres, de Visancourt, de Baudoncourt, de la Chapelle, de Brotte et d'autres lieux encore.
En même temps, de la porte de la Neuvelle (2), venait
une troupe composée de ceux de Breuches, Villers,
Meurcourt, Neurey, Sainte-Marie, etc. Au même moment encore, mais par une voie tout opposée, s'avan-
çaient ceux de Froideconche, précédés de leurs échevins
et de leur procureurs. Tous ces hommes étaient armés
de pieux, de bâtons, de fourches, de faulx emmanchées
et de haches ; quelques-uns même avaient des fusils.
Il devenait évident que nul de nous ne serait plus capable de résister au flot. Pour moi, dès lors, je m'écarte et
je pénètre dans le monastère. Il était une heure de l'après-
midi (3). »

(1) Le docteur de Fabert, né dans le pays, et auteur du premier essai
historique sur les bains de Luxeuil, fut témoin et acteur dans les faits qu'il
rapporte. Il a laissé de précieuses notes sur les événements que nous ra-
contons. -M. Joseph Boisselet, son petit-fils, de Vesoul, nous les a commu-
niquées avec beaucoup d'obligeance.
(2) Cette porte se trouvait à l'entrée de la ville, sur la route actuelle
de la gare.
(3) Journal m. s. du docteur de Fabert.

Les Bénédictins avertis avaient fermé leurs portes et s'étaient réfugiés, presque tous, dans la maison et dans les jardins. Cependant le prieur, accompagné de deux ou trois religieux, se tenait dans la cour basse, qui, sans être la cour d'honneur, servait habituellement d'entrée au monastère, comme du reste elle en sert encore aujourd'hui. Il donnait audience à quelques-uns des délégués. Ceux-ci demandaient leurs papiers. Les moines ne les refusaient pas. Toutefois ils exigeaient que l'on dressât authentiquement l'inventaire des pièces dont ils acceptaient de se dessaisir... Le notaire Lançon se trouvait là pour écrire....

Mais le temps n'était plus aux discussions courtoises et aux concessions librement consenties. Dans la rue, la masse populaire était houleuse et impatiente. Ni la milice ni la maréchaussée ne pouvait plus la contenir. En quelques instants la porte de bois qui fermait l'entrée de la cour vole en morceaux. Derrière elle, nous retrouvons le courageux Fabert.

« Je faillis alors, continue-t-il dans ses notes, avoir la tête coupée d'un coup de hache, frappé par Chonavey, notre ancien fermier de Breuches. Un éclat d'arme tranchante coupa le cordon de montre de M. Mouthon et passa à trois doigts de mes jambes. Je me suis trouvé autrefois dans une ville assiégée, j'y servis même aux tranchées, on n'y courait pas de plus grands périls que j'en ai couru aujourd'hui. La première porte étant brisée, nous nous retirâmes derrière la grille qui formait une seconde barrière, et nous nous trouvâmes, avec les échevins, le notaire et les moines. Mais la fureur populaire n'était pas apaisée, la grille elle-même ne devait pas tenir longtemps. Bientôt ses barreaux sont tordus, ses ferrures brisées, et les manifestants, s'introduisant en foule, réclament toujours les fameux papiers (1). »

Cette fois ils vont les prendre. Déjà ils envahissent

____

(1) Journal m. s. du docteur de Fabert.

l'escalier, qui est au coin de la cour. Arrivant à la bibliothèque qui y prend accès, ils en vident les premiers rayons qui s'offrent à leur vue, et par les fenêtres, jettent, sur le pavé de la cour, les quelques titres, registres, livres imprimés qu'ils ont enlevés sans discernement, et que, en bas, le populaire fait flamber pêle-mêle. De la bibliothèque, ils passent chez le procureur, où ils volent la caisse, qui se composait alors de vingt-cinq à trente louis. De la procure, ils vont à la cuisine, où ils cassent les bouteilles et les assiettes, puis descendent à la cave, d'où ils tirent plusieurs pièces de vin, qu'ils boivent dans cette première cour principal théâtre de leurs tristes exploits. Il était environ cinq heures de l'après-midi.

Pendant ce temps, une scène analogue se passait au palais abbatial et dans la cour qui y conduit. Au bas de la terrasse qui se prolonge en perron devant le cloître, c'est-à-dire dans cette partie des dépendances du palais qui servait de cour de service au personnel de la maison et contenait les écuries (1), l'abbé, accompagné de son neveu M. de Courtivron, était entouré des tenanciers de la mense abbatiale, qui, à ce titre, venaient à lui comme ceux de la mense conventuelle s'étaient adressés directement au prieur. L'abbé cherchait à les calmer et leur accordait tout ce qu'ils voulaient. Les gens de Brotte demandèrent la sortie d'un criminel détenu en prison, pour assassinat ; ils l'obtinrent sans instances ; et même, comme le geôlier tardait à ouvrir la porte du cachot, ils l'enfoncèrent à coups de hache et délivrèrent le prisonnier.

Ce n'était encore là qu'un coup d'essai. Le but et l'objet de leur visite, c'était le palais lui-même. Sans retard, ils montent aux appartements, brisent les meubles, pillent le médaillier, saisissent tout ce qui leur paraît avoir de la valeur, emportent jusqu'aux boucles de métal doré qui ornent les chaussures de l'abbé rangées

(1) Aujourd'hui le bureau de la Poste.

dans les armoires, fouillent les archives et la bibliothèque ; mais, ici encore, par une heureuse ignorance,
ils oublient et négligent les terriers les plus précieux,
les chartes les plus utiles. Enfin, terminant, comme tous
les révoltés de la rue, par le désordre et par l'ivresse,
ils descendent aux cuisines et aux caves et n'y laissent
intactes ni une casserole ni une bouteille. Le bruit dura
jusqu'à dix heures du soir.

Quel triste spectacle offrait alors la ville ! quelques-uns
des vainqueurs de la journée étaient étendus sur le pavé,
couverts d'immondices, suite de leur intempérance ;
d'autres debout, mais avinés, regagnaient lentement leurs
communes, laissant la ville sous le coup de l'émotion
qui l'avait profondément touchée. Heureusement, cette
émotion se calma vite. Cependant, les Luxoviens se
maintinrent en armes jusqu'au matin (1).

Le lendemain, 22 juillet, dès l'aube, la milice bourgeoise, renforcée des paroisses amies, qui avaient afflué
de toutes parts à la nouvelle de l'attaque entre de nouveau
en scène ; mais cette fois avec une consigne plus sévère
que la veille. Trois canons défendent l'entrée du pont ;
des chariots renversés forment des barricades et inter-
disent les routes de la campagne. Ce qui reste des baigneurs prend la fuite. Mme Gauthier quitte la ville le
lendemain, à six heures du soir. Sa dernière lettre, écrite
de Luxeuil, se termine ainsi :

« Malgré l'heure et le danger, nous montons en voiture. A force d'intrigues nous avons des chevaux. Nos
gens et nos femmes sont partis pour Besançon. Une
grand'mère de trente-neuf ans, une fille qui en a vingt,
un enfant de quinze mois, une berceuse qui pleure
toujours, un seul laquais et un pistolet composent notre
cortège et nos armes. Si nous arrivons à Lure, je vous

(1) *Voyage d'une Française en Suisse et en Franche-Comté, depuis la
Révolution*, Londres 1790, 2 vol. in-12. VIe lettre de Luxeuil le 21 juillet 1789.

écrirai. De là nous nous rendrons à Montbéliard (1). »

Resterait ici à préciser ce que devinrent moines et abbé à la suite de cette émeute. Certains historiens, s'en référant à des données transmises oralement ou à des écrits plus ou moins exacts, font partir en hâte, dès le matin du 21 juillet, comme des fuyards, les religieux, chacun emportant ce qu'il avait de plus précieux, et l'abbé lui-même, s'échappant le même jour, sans prendre le temps de faire atteler ses chevaux et regrettant de ne pouvoir soustraire de toutes les richesses de son palais que quelques vases sacrés et trois couverts d'argent (2).

Le vrai, c'est que, pour les religieux, la plupart d'entre eux, grâce à l'attitude bienveillante des officiers municipaux et des habitants de la ville, purent rester dans leur monastère. En effet, le premier mouvement d'effervescence une fois passé, les bourgeois et le peuple firent franchement cause commune avec les bénédictins (3). Et tandis que Lure voyait les maisons de ses chanoines dévastées, leurs portes, fenêtres et toitures brisées, leurs glaces, vitres et faïences réduites en poudre ; tandis que les habitants de Scey-sur-Saône malmenaient les Bauffremont et obligeaient la princesse de Listenois, dont la fille était mourante, à se réfugier à Vesoul avec sa famille, Luxeuil, revenu à lui, donnait asile aux fugitifs et aux éconduits. La duchesse de Clermont-Tonnerre, chassée de son château de Vauvillers pillé par les paysans ameutés, venait lui demander une protection qu'elle ne trouvait plus ni dans sa maison ni

(1) *Ibid.* VIIe lettre, Luxeuil le 23 juillet 1789.

(2) Ecrement, *Essai historique sur la ville et l'abbaye de Luxeuil*, Lure, 1865, Imp. Abel Bettend.

(3) Promptement les bourgeois de la ville se promirent que les scènes de désordre ne se reproduiraient pas ; ils envoyèrent à Besançon, pour y demander du renfort avec des armes, Dénicourt père, et le 26 juillet 1789, ils reçurent 50 dragons et 33 chasseurs à cheval, avec cinquante fusils et cinquante baïonnettes. (Journal m. s. du docteur de Fabert.)

dans son duché (1). Aussi cette attitude bienveillante de la ville avait-elle donné confiance aux religieux et leur avait-elle permis de reprendre autant que possible leur vie claustrale.

Bien plus, à quelques mois de là, le trésor de l'église abbatiale n'ayant pas été touché par l'émeute, ils purent en faire généreusement le sacrifice. Répondant à un arrêté de l'Assemblée nationale, et à une proclamation du roi (2), ils résolurent en corps de communauté, d'envoyer à l'hôtel des monnaies, à Paris, toute l'argenterie qu'ils possédaient, à l'exception de ce qui leur était d'une indispensable nécessité pour la décence du culte divin. Et, le 18 décembre 1789, ils en remirent au maire les pièces, dont la valeur fut estimée 12.416 livres. Ils déclarèrent alors qu'ils entendaient partager cette somme en trois parts et affecter la première au solde des fixations établies par l'Assemblée nationale, la deuxième à un don patriotique, la troisième au soulagement des pauvres de Luxeuil (3).

La ville, touchée du désintéressement des religieux, leur témoigna par un acte éclatant sa reconnaissance et son admiration. Elle délégua à Paris l'un de ses plus honorables citoyens, le maréchal de camp de Ferrier du Chatelet, pour plaider la cause de ses moines et demander à l'Assemblée nationale leur maintien dans le couvent, ou au moins dans la ville. La relation de cette démarche se lit au procès-verbal de la séance du 13 janvier 1790, ainsi conçu :

« On donne lecture de l'adresse des officiers municipaux de la ville de Luxeuil, en Franche-Comté, remise par M. de Ferrier du Chatelet, maréchal de camp, député extraordinaire de ladite ville. Les signataires s'y répandent en éloges les plus flatteurs sur les religieux béné-

----

(1) Journal m. s. du docteur de Fabert.

(2) Arrêté du 6 octobre 1789. Proclamation du 15 novembre 1789.

(3) La première part fut de 6.923 livres, la deuxième de 1.447 livres, la troisième de 4.046 livres.

dictins de cette ville. Ils annoncent qu'ils ont envoyé à
la Monnaie de la capitale l'argenterie la plus précieuse
de leur église, du poids de deux cent trente quatre marcs
deux onces ; et demandent que, dans le cas où des circonstances impérieuses exigeraient la suppression de
cette célèbre abbaye, l'assemblée daigne, dans sa sagesse,
y substituer un établissement également utile, dans lequel
la plupart de ces dignes religieux s'empresseraient de
montrer le même zèle pour le bien public, en se consa-
crant à l'éducation de la jeunesse et au soulagement des
pauvres (1). »

Quant à l'abbé, il partit le soir même de l'invasion
de son palais, 21 juillet 1789. Le fait est certain. Il le
fit en compagnie de son neveu de Courtivron, avec lequel
il avait reçu le même jour ses paysans sur la terrasse
de son palais. Mais où alla-t-il ? Le docteur de Fabert,
d'ordinaire bien renseigné, nous dit qu'il partit pour
Porrentruy, en Suisse. D'autre part, nous apprenons
ce qui suit d'une lettre à nous écrite par le baron de
Braux, petit-neveu (par alliance) de l'abbé :

« Le 22 juillet 1789, deux cents dragons du régiment
d'Angoulême étaient venus protéger Remiremont....
L'abbé de Luxeuil, respectable vieillard de soixante-
cinq ans, qui possédait cette abbaye depuis quarante-
six ans et qui se sauvait de son monastère assiégé par
une troupe de paysans, arriva en ce moment critique à
Remiremont. Avec lui, se trouvait son neveu M. de
Courtivron. Ils avaient passé la nuit à Plombières. Mais
là, par crainte de se compromettre, les bourgeois avaient
refusé de leur donner asile et les avaient obligés à se
remettre en route. Sur le chemin, deux cents insurgés
les avaient menacés de tuer leurs chevaux et de briser
leur voiture. A Remiremont, à peine étaient-ils des-
cendus de voiture qu'on se répandit en invectives contre
eux. Des hommes de la lie du peuple accoururent, comme

(1) V. Arch. dép. de la Haute-Saône, H, 677.

des lions en fureur, avec des haches, dans le dessein de briser la voiture ; mais d'honnêtes bourgeois, entre lesquels se trouvait mon respectable père, s'y opposèrent énergiquement et forcèrent les brigands à s'éloigner (1). »

Il est donc acquis que la première étape de ce départ improvisé fut Remiremont. Remiremont, nous nous le rappelons, avait pour l'abbé des attraits familiaux et, à ce titre, pouvait fixer ses préférences. D'autre part, cette localité est sur le chemin d'Hamonville et le château où résidait son frère n'attirait-il pas ses regards comme ceux de son neveu ?

La solution de ce problème n'a qu'un intérêt secondaire. Mais ce qu'il faut retenir, c'est que l'abbé n'était point parti définitivement ; que sa situation n'exigeait pas ce départ ; que les bourgeois de Luxeuil semblaient tolérants ou même sympathiques ; et que, enfin, si la duchesse de Clermont-Tonnerre, sa belle-sœur, inquiétée par ses gens de Vauvillers, venait demander aide et protection à la ville de Luxeuil, c'est qu'elle pensait bien trouver l'abbé dans son palais. Nous croyons donc que, bien vite remis de son alerte, il rentra chez lui pour mettre ordre à ses affaires et diriger de son mieux celles de ses moines. Et ce qui nous incline surtout à penser ainsi, c'est que nous savons qu'il se trouvait à Luxeuil dans les premiers mois de 1790, et qu'il était convoqué à assister à l'inventaire des meubles de son palais, le 6 juillet de cette même année. En effet, à cette date, en vertu d'un décret de l'Assemblée nationale du 22 avril précédent, les officiers municipaux de Luxeuil font l'inventaire du mobilier du palais. Le « ci-devant abbé », comme ils le nommaient, était encore chez lui le jour où commença l'inventaire, mais il avertit les municipaux, dès le début de leur tra-

_____

(1) Lettre du baron de Braux à l'auteur du 17 avril 1890. Voir aussi : *Remiremont, les saints, le chapitre, la révolution*, par M. l'abbé Didelot, in-8° Nancy, Vagner, 1887.

vail, qu'il a donné à l'abbé Breton d'Amblans, prêtre
de Luxeuil, sa procuration générale et qu'il se dispose à
partir, pour aller se fixer à Hamonville chez son frère
Joseph-François. C'est là en effet où, dès le lendemain,
il se rend accompagné de son fidèle serviteur Boulangier.
Il y trouvera sans doute une terre d'exil, mais, sur cette
terre, une famille aimée et des cœurs bien ouverts.

TROISIÈME PARTIE

———

Les CLERMONT-TONNERRE

à

HAMONVILLE

TROISIÈME PARTIE

LES CLERMONT - TONNERRE

à

HAMONVILLE

I

Le Marquis Joseph-François de Clermont-Tonnerre
(1729-1809)

Dans un coin retiré de la Lorraine, aux environs de
Toul, se cache un modeste village, celui d'Hamonville.
Il n'a pas grande histoire. Cependant, il était déjà mentionné, avec le fief dont il était le centre, dans une charte
de Bertrand, évêque de Metz, de 1184. Au cours des
siècles suivants, cette terre fut possédée, ou tenue, par
les familles d'Apremont et de Beauveau. En 1707, on
y trouve, comme seigneur, Charles Blanchard, écuyer,
officier des chevau-légers du duc de Lorraine Léopold.
Alors, une de ses filles, née en 1683, après avoir épousé
en premières noces Louis de Blondelot, capitaine d'in-
génieurs du roi à Toul, devint, en deuxièmes noces
(20 juillet 1725), épouse de Jean-François-Rémy Tardif
et lui apporta, par contrat de mariage, la totalité de sa
terre, y compris le château. Le nouveau châtelain, qui fut

____

(1) Hamonville en 1914 comptait 103 habitants. Au point de vue religieux, il est aujourd'hui rattaché à la paroisse de Beaumont.

la tige de la famille connue aujourd'hui sous le nom
de Tardif d'Hamonville, ne résida pas longtemps en ce
domaine, car, en 1739, ayant acheté une terre voisine,
celle de Boucq, terre sans doute plus importante et plus
agréable à habiter, il s'y installa et vendit la première
(1755). L'acquéreur de celle-ci fut le marquis Joseph-
François de Clermont-Tonnerre.

Le château qu'il venait d'acquérir paraît avoir eu
une certaine importance. Il était, d'après la tradition
locale, précédé d'une large avenue, qui conduisait à
une vaste cour, enveloppée elle-même par l'habitation
seigneuriale et ses communs, auxquels était joint un
grand jardin avec sept allées de tilleuls, tracées à la
française. Les gens du pays ont surtout gardé le souvenir
de ce jardin, qu'on appelait le parterre, et ils maintien-
nent aujourd'hui encore ce nom au terrain qu'il occupait (2). Auprès du château se trouvait l'église, modeste
comme le village lui-même, et, attenant à l'église, la
chapelle où se faisaient inhumer les seigneurs du lieu.
C'est dans cette demeure que, dès le milieu du XVIIIe siècle, le marquis Joseph-François de Clermont-Tonnerre
vint résider avec sa famille. Il y apportait les traditions
de Vauvillers, où il avait vécu enfant, ses souvenirs
de Luxeuil où, à cette époque, déjà, il avait visité son
frère dans son abbaye et avait joui de sa bienveillante
réception. C'est dire que, ici encore, nous allons avoir
l'illusion de nous retrouver en Comté (1).

Le marquis Joseph-François était né le 12 janvier
1727, troisième fils du maréchal Gaspard et d'Antoinette Pothier de Novion. Il s'était destiné comme tous les

(1) En 1755, le marquis Joseph-François n'avait acheté qu'une partie
de la terre ; il acquit, peu après, l'autre partie des sieurs Duchesnois et de
Thouvenin.

(2) Ces notes et renseignements nous ont été très obligeamment fournis
par M. des Robert, de Nancy; par M. le général de Morlaincourt, beau-
frère de M. le baron d'Hamonville, résidant à Boucq (Meurthe-et-Moselle),
et par Mme la princesse de Bourbon-Sicile, arrière-petite-fille du marquis
Joseph-François de Clermont-Tonnerre, résidant également au même village.

siens, au métier des armes, et avait débuté dans cette
carrière, en 1741, par la campagne de Bohême, en qualité de cornette, dans le mestre de Camp Général Cavalerie. Bientôt, dans ce même régiment, il obtint le commandement d'une compagnie, devenue libre par la mort
du chevalier de Courtivron, son cousin germain, et, avec
ce grade, avait pris part à la mémorable retraite qui
termina la campagne. Il avait aussi combattu sur le Rhin,
s'était trouvé à l'attaque du centre des lignes de Wissembourg, commandée et si glorieusement exécutée par le
maréchal son père en 1744. Il avait assisté au siège de
Fribourg-en-Brisgau (1745), aux campagnes de Flandre,
à la bataille de Fontenoy, à celle de Lawfeld, où il
s'était particulièrement distingué. Après celle de Raucoux
(11 octobre 1746), laquelle était commandée par le
maréchal de Saxe, il avait obtenu la commission de
colonel, sous le ministère du maréchal duc de Belle-
Isle, et avait été nommé mestre de camp brigadier
(1761) et maréchal de camp (25 juillet 1762) (1).

Aux environs de l'année 1755, il avait épousé Marie-
Anne de Gimel de Lentilhac, dame chanoinesse du chapitre de Remiremont et nous avons lieu de croire que le
château d'Hamonville fut le cadeau de noces du marié
à son épouse. Ce fut en effet à cette époque que celle-ci
entra dans la maison et que bientôt elle l'anima en
lui donnant deux enfants qui en firent la joie : un fils,
qui fut le comte Stanislas de Clermont-Tonnerre, et une
fille, qui devint Mme de Courtivron.

C'est de cette demeure que le châtelain, pendant ses
congés et plus tard pendant sa retraite, rayonne en
Lorraine et en Franche-Comté.

En Lorraine, malgré la simplicité de ses allures et la
modestie de son train, il entretient de princières relations avec Stanislas Leczinski, l'ancien roi de Pologne,

---

(1) Notes prises dans la notice du comte Stanislas de Clermont-Tonnerre, par le marquis de Châteaubrun, in-12, Champion, Paris 1912.

devenu, par la grâce de Louis XV, duc de Lorraine. Il remplit auprès de lui la charge de premier gentilhomme de la chambre du prince ; il lui fait sa cour à Lunéville ; il le traite à Plombières, quand le prince y va prendre les bains (1) ; il l'invite même en son château résidentiel.

En Franche-Comté, il fréquente Vauvillers tant qu'il y a son père et plus assidûment Luxeuil, où il visite son frère. Nous nous rappelons l'hiver que, en 1764-1765, il passe au palais de l'abbé, assez malencontreusement du reste, à raison du caractère difficile de sa femme. Heureusement que, en d'autres circonstances, il trouve meilleur accueil. En 1772, en effet, y étant revenu avec son jeune fils Stanislas, alors que l'abbé faisait exécuter son grand portrait par Beaulieu, il y fut reçu avec empressement ; et même l'abbé saisit l'occasion de cette visite pour faire peindre l'enfant, qui avait alors quatorze ans, par son propre artiste et permit ainsi au jeune homme d'offrir son portrait, comme cadeau de fête, à sa mère (2).

Ces relations comtoises, il les étendait encore autour de Luxeuil. Ainsi, nous le voyons, dans ses lettres, s'enquérir de la santé de M. de Sainte-Marie, qui était alors N. Lampinet auquel il envoie ses meilleurs compliments. Ainsi, il se lie avec Jacques-Joseph de Belenet, conseiller au parlement de Besançon. Un jour même (25 juin 1785), celui-ci ayant contracté mariage en Lorraine, en épousant Mlle Elisabeth de Mouzin de Villers, le marquis de Clermont-Tonnerre accompagne le futur comme témoin à l'acte ; et, voulant lui laisser un souvenir de cette cérémonie, il lui fait don de son buste en biscuit de Sèvres (3).

(1) Arch. famil. des Clermont-Tonnerre.
(2) Communication du baron de Braux.
(3) Au sujet de ses relations avec la famille de Belenet, on apprendra avec un certain intérêt le fait consigné dans la note suivante que nous transcrivons telle que nous la trouvons dans les renseignements recueillis à

Mais c'est surtout dans sa retraite, en son château
d'Hamonville, que nous voulons le considérer et l'étudier.
Si, en effet, au cours de sa carrière, il a été le guide
suivi de ses troupes, il devient au milieu des paysans
de sa terre un sujet d'édification et un exemple. Bien
plus, les événements heureux ou malheureux, gais ou
tristes qui complètent sa vie familiale ne font qu'accentuer davantage la dignité et la noblesse de son existence. Sa femme, née de Lentilhac, vient-elle à mourir
(29 septembre 1776) il lui conserve au château sa place
et son souvenir. Si quelques années plus tard, il convole
à de secondes noces, ce ne sera que pour faire partager
à sa nouvelle épouse son genre de vie domestique et sa
piété religieuse.

On rapporte qu'il communiait chaque jour et qu'il
pratiquait des mortifications auxquelles les plus austères
religieux ne se soumettent pas toujours. Il portait sur
son corps un cilice de fer sur lequel étaient écrites en relief les lettres J. M. J. qui formaient une aspérité pénible
à supporter. Nous verrons plus loin que pendant tout le
temps qu'il eut sous son toit son frère l'abbé, il fut son
compagnon le plus fidèle, son acolyte le plus assidu, et
nous dirions presque son sacristain le plus dévoué...

Mais le temps marche. Déjà nous sommes en pleine
Révolution. Rassurons-nous cependant sur le sort des
hôtes d'Hamonville. Ils n'auront à redouter ni la fuite
imposée par la haine, ni l'émigration déterminée par la
peur. Ici règnent l'union des classes et la confiance de

Vauvillers : « Le très haut et très puissant seigneur Mgr Joseph-François
marquis de Clermont-Tonnerre, ancien gentilhomme de la chambre du
roi de Pologne, Stanislas Leczinski, maréchal de camp, fut, le 25 juin
1785, témoin pour le marié, au mariage de Mlle Elisabeth de Mouzin de
Villers (famille du Barrois) et de messire Jacques de Belenet, écuyer conseiller, secrétaire du roi, au parlement de Besançon. A l'occasion de cette
union, S. A. R. la reine Marie Leczinska fit aux mariés présent d'un service à dessert de porcelaine de Saxe et le marquis de Clermont-Tonnerre,
de son buste en biscuit de Sèvres, actuellement la propriété de Louis de
Belenet. »

chacun dans la charité de tous. Mais ces heureuses dispositions n'épargneront pas au vénéré châtelain les larmes les plus amères. Voici que vient retentir à ses oreilles la triste nouvelle de la mort tragique de son fils, le jeune comte Stanislas, le brillant député aux Etats généraux et à l'Assemblée nationale. Quittons donc un instant le père pour le fils ; notre intérêt n'en sera que plus vivement excité.

II

Le comte Stanislas de Clermont-Tonnerre
(1757-1792).

Au lendemain du 10 août 1792, on apprenait au château d'Hamonville la nouvelle de la mort tragique du
jeune comte Stanislas, fils aimé et brillant espoir du
marquis Joseph-François. Elle y fut reçue avec un
douloureux émoi.

C'est en effet au château d'Hamonville que le comte
Stanislas était né, le 8 novembre 1757 (1). Il y avait été
ondoyé le lendemain par le curé du lieu, puis avait
été baptisé solennellement, le 18 août 1761, dans la chapelle royale du château de Lunéville, par le cardinal de
Choiseul, archevêque de Besançon, grand aumônier
du nouveau duc de Lorraine, Stanislas Leczinski. Il
avait eu pour parrain cet ancien roi de Pologne lui-même,
et pour marraine la reine de France, représentée par
Madame Adélaïde. Ce n'était donc pas le premier venu.
Mais, comme on le verra dans la suite, ses mérites éga-
laient sa naissance.

(1) Le comte Stanislas de Clermont-Tonnerre est né non en 1747, comme
certains biographes le disent, et pas davantage en 1759, comme d'autres
l'affirment ; mais en 1757. Les dates que nous assignons pour sa naissance
pour son ondoiement, pour son baptême, et les détails qui se rapportent à
ces divers actes, sont tirés des registres authentiques de l'église d'Hamonville et de la chapelle royale de Lunéville.

Il fit ses études dans l'école, célèbre alors, de Pont-à-Mousson. Dès qu'il avait été en âge de servir, il avait été nommé sous-lieutenant dans la Colonel-Cavalerie. De là, il était passé dans la légion de Flandre, puis dans les dragons de la Reine, où il était capitaine, lors du mariage de sa sœur Christine avec le comte Gaspard de Courtivron, et se trouvait colonel en 1789. Le 25 février 1782, il avait, à l'âge de vingt-cinq ans, épousé Delphine de Rosières-Sorans, chanoinesse du chapitre noble de Remiremont (1), appartenant elle aussi à une famille franc-comtoise. Bientôt il s'était lancé dans la politique et, tandis que sa jeune femme remplissait à la cour la fonction de dame d'honneur de Madame Elisabeth, lui était chevalier d'honneur de Monsieur, qui demeurait au Luxembourg. Le jeune ménage avait, en 1788, un appartement au numéro 160 de la rue du Petit-Vaugirard, avec jardin donnant sur le Luxembourg.

Lorsque les Etats généraux s'étaient ouverts (mai 1789), il y avait été envoyé, par le corps de la noblesse de Paris, et y était entré en tête de liste. Dès son arrivée dans l'assemblée, il y joua un rôle important et même, à deux reprises, occupa le fauteuil présidentiel. Il siégeait sur les mêmes bancs que les La Fayette, les Lally-Tollendal, les d'Ayen, les Noailles, les Grammont (2), c'est-à-dire parmi ceux que la liberté avait séduits, mais qui, tout en en proclamant les principes, entendaient bien en éviter les écarts. Vaines illusions ! dira-t-on. On ne s'arrête pas sur les pentes. L'essai du moins ne manquait pas de hardiesse et de générosité... mais n'anticipons pas.

(1) Elle était née en 1766 ; était fille du marquis de Rosières-Sorans et de Elisabeth de Maillé-Karman.

(2) La famille de Grammont de Villersexel avait été représentée aux Etats-Généraux par Ferdinand de Grammont, lequel y avait été envoyé par la noblesse de l'Autunois, à raison de ses possessions dans ce pays. Il est probable qu'il était dans les libéraux de l'époque. En tout cas, les autres membres de cette famille y étaient certainement et en particulier son fils le comte Théodule-François de Sales, qui avait épousé une Noailles et ainsi était beau-frère de La Fayette.

Le Comte Stanislas de Clermont-Tonnerre
Député aux États Généraux et à l'Assemblée Nationale
(1757-1792)

Il avait de qui tenir. Il le fit bien voir à l'Assemblée. C'était au 26 ou 27 juillet 1789, c'est-à-dire au lendemain des tristes journées de Luxeuil et de Vauvillers. Il monte à la tribune et après avoir, avec véhémence et indignation, relaté les faits scandaleux qui avaient troublé ces deux localités, il demande justice et réparation « pour son oncle ». Il eût pu le faire « pour ses oncles », puisque l'abbé de Luxeuil et le seigneur de Vauvillers, tous deux ses oncles, avaient subi les mêmes avanies.

Applaudissons à cette noble intervention, regrettant toutefois que la justice qu'il réclamait n'ait point été rendue. Sa proposition avait été appuyée par Noailles et Lally Tollendal, qui demandaient, avec lui, à l'Assemblée de voter des mesures répressives contre les fauteurs de ces désordres qui se multipliaient chaque jour. Mirabeau intervint, fit considérer ces excès comme des bagatelles et tout fut fini (1).

A cette date, à Versailles, le ciel est bien bas ; les nuages sont amoncelés, l'orage se prépare. Voici déjà la nuit du 4 août, où le clergé et la noblesse font généreusement sur l'autel de la patrie le sacrifice de leurs droits féodaux. Ce fut en cette nuit fameuse que succomba la seigneurie de Vauvillers, comme celle de Luxeuil, comme, du reste, toutes les seigneuries analogues. Nous avons plus d'une fois, au cours de notre récit, rencontré ce grand fait historique, nous n'y reviendrons pas ; mais nous devons signaler ici que celui qui avait défendu si chaudement à la tribune les droits des seigneurs de Vauvillers et de Luxeuil fut des premiers, par générosité et par patriotisme, à voter l'abolition des privilèges, dont lui-même et tous les siens avaient joui jusque là.

Après la nuit du 4 août, voici les journées des 5 et

____

(1) Mirabeau reprochait à Lally-Tollendal de « dénoncer quelques contrariétés comme d'horribles calamités et quelques précautions de méfiance comme des actes de férocité ». (*Mém. de Lally-Tollendal*, p. 104.)

6 octobre. Clermont-Tonnerre y a encore sa place. Personne n'ignore cet exode, à la fois burlesque et tragique, de la population parisienne forçant, le 5 octobre, le général La Fayette à se mettre à sa tête et marchant avec lui à Versailles, pour y aller prendre le roi ; puis le lendemain, revenant à Paris avec le monarque, dans le cortège que l'on sait : d'abord, pour ouvrir la marche, deux hallebardiers portant au bout de leurs piques les têtes des deux gardes du corps tués la veille à Versailles ; et ensuite, pêle-mêle, des soldats de l'armée, des gardes nationaux, des membres de l'Assemblée et enfin, entourant le carrosse royal, des mégères avinées chantant: « Nous n'aurons plus faim désormais, nous ramenons le boulanger, la boulangère et le petit mitron. »

A cette scène historique, que Clermont-Tonnerre soit présent, personne ne s'en étonnera, il y est attiré tout à la fois, par la filiale déférence qu'il professe pour le roi, et par la vive indignation que lui inspire ce peuple révolté. Aussi, quoiqu'il se fût déjà rendu à Corbeil, où il pensait prendre quelques jours de repos, dès qu'il apprit l'équipée parisienne, il courut à Versailles. Il y arriva dans la nuit du 5 au 6, y connut l'assassinat des gardes du corps, y vit le roi à 2 heures du matin et ne rentra chez lui qu'à 4 heures. Il suivit le roi à Paris. Michelet, narrant ces faits, a dit : « Cette journée fit une foule de royalistes. Les plus illustres de ces convertis furent La Fayette et Mirabeau. » Clermont-Tonnerre n'avait pas besoin de telles leçons pour devenir royaliste; mais chacune d'elles, à mesure qu'elle se répétait, le rapprochait encore de cette royauté qu'il sentait si ébranlée. Aussi, loin de se retirer, comme le firent plusieurs députés, parmi lesquels Mounier et Lally-Tollendal, il crut devoir se maintenir à son poste et donner son complet appui à toutes les mesures qui auraient pour but de consolider un trône chancelant. C'est ainsi qu'il vota et fit voter ce droit de *Veto* qui, hélas ! rendit si impopulaire et le monarque qui le reçut et les députés qui le votèrent. C'est ainsi qu'il contribua à fonder le club monarchique et le journal des *Impartiaux* pour faire contrepoids au club des Jacobins.

Ces sentiments de profond loyalisme ne l'aveuglaient pas pourtant, témoin la douleur qu'il éprouva un jour, celui du 4 février 1790, où le roi, après que la Constitution eut été votée l'avant-veille par la Chambre, vint, en pleine Assemblée, la ratifier et l'accepter solennellement. Triste séance, en effet, où Louis XVI, voulant sans doute reconquérir une popularité qui lui échappait de jour en jour, ne faisait qu'abdiquer sa souveraineté entre les mains du peuple ! En ce jour, Clermont-Tonnerre éprouva tout bas cette douloureuse impression que Mirabeau exprima avec éclat. On connaît la scène.

Le colonel vicomte de Mirabeau, outré de voir ce roi vraiment trop peu royaliste signer ainsi sa déchéance, s'écria : « Quand un roi brise son sceptre, son serviteur n'a qu'à briser son épée. » Et, d'un geste de colère, il le fit sur-le-champ et quitta l'assemblée. Cela fait dire à Me H. Robert, de l'Académie française, dans une récente conférence (1) : « Un seul homme comprit toute la gravité et les conséquences de l'attitude amoindrie que Louis XVI prit en ce jour, ce fut Mirabeau. » Non, il y en eut d'autres encore, et parmi ceux-là il faut compter notre Stanislas. Pour lui, néanmoins, malgré sa pénible impression, il se maintint à l'Assemblée ; et Mirabeau, qui, malgré son départ théâtral, y était rentré, s'y retrouva avec lui. Quoiqu'ils ne fussent pas sur les mêmes bancs, ils se rencontrèrent tous deux, dans les conseils intimes du roi, le premier pour y jouer ce double rôle qui lui était familier, le second pour se dévouer de plus en plus à la personne du monarque.

Ces conseillers, dont le roi s'entourait alors, lui pro-

(1) « Louis XVI et l'agonie du régime » dans la revue *Conferencia*, numéro de janvier 1928.

posaient unanimement comme dernière planche de salut sa sortie de Paris. Mais les uns entendaient la fuite à l'intérieur du royaume et les autres la fuite à l'étranger. Mirabeau était pour la fuite à l'intérieur. Il insistait sur la nécessité de partir ; mais il indiquait Rouen comme étant la ville la plus propice pour réaliser ce dessein. De Rouen, pensait-il, le roi, appuyé sur les populations de l'Ouest et de la Vendée, qui lui demeuraient fidèles, pourrait lancer à la France entière un manifeste retentissant, dans lequel il ferait appel à la fidélité de chacun et à l'union de tous. Le tribun avait même résumé son plan dans un mémoire qu'il présenta au Comte de Provence, en s'offrant lui-même à l'exécuter, si on le nommait premier ministre. Ni le roi ni surtout la reine n'avaient confiance dans le célèbre marquis; son plan fut écarté (1).

Mais d'autres conseillers proposaient le départ à l'étranger, ou au moins dans une ville voisine de la frontière de l'Est, non pas, sans doute, pour aller aiguiser contre la France les armes des peuples voisins, mais pour mettre du moins en sûreté les personnes royales, qui, dès maintenant, pouvaient craindre pour leur vie. Ce projet de fuite, quel qu'en dût être le terme, projet qui était profondément antipathique à l'opinion parisienne, parce qu'elle y voyait toujours un sentiment hostile au pays, était volontiers attribué par elle à certains conseillers du roi, parmi lesquels elle plaçait Clermont - Tonnerre. Aussi, quand le malheureux Louis XVI rentra de Varennes, après l'essai infructueux de sa fuite à Montmédy, le peuple de Paris, de plus en plus monté, fixa ses regards irrités sur celui que, à tort ou à raison, il rendait responsable de cette fuite du roi. Dès ce jour, l'ayant ainsi marqué, il n'attendait pour le frapper qu'une occasion : elle se présenta le 10 août 1792.

(1) Mirabeau mourut le 2 avril 1791 sans avoir eu le temps de rendre au roi les services que, moyennant finances, il avait promis de rendre.

Lugubre date ! En ce jour, à Paris, l'effervescence est partout. Les émeutiers armés ont envahi le palais des Tuileries. Les balles sifflent dans les cours et les appartements. Les Suisses y répondent d'abord, mais, bientôt le roi s'émeut et, redoutant de plus grands malheurs, leur donne formellement l'ordre de cesser le feu. Ces nobles soldats obéissent et, l'arme au pied, se laissent massacrer jusqu'au dernier. Tandis que meurent ainsi au château ces héroïques victimes, dans les rues avoisinantes et jusque dans les quartiers plus éloignés, l'orage ne cesse de gronder. Les sections de quartier siègent en permanence ; sous prétexte de rechercher des armes cachées, des perquisitions s'opèrent dans les hôtels particuliers. L'une d'elles a lieu dans l'hôtel de M. de Clermont-Tonnerre, situé, comme nous l'avons dit, près du Luxembourg. D'armes cachées, on n'en trouve point. Mais le maître du logis est forcé de venir s'expliquer à la section. Dans le trajet il est mortellement blessé par un coup de feu, tiré presque à bout portant. Il a encore le temps de se réfugier dans l'hôtel de Mme de Brissac, rue de Grenelle-Saint-Germain, où les égorgeurs l'achèvent, quelques instants après (1). Certains historiens de la Révolution, en relatant ces faits, ajoutent que la comtesse, sa femme, avertie aussitôt, accourut en hâte dans l'hôtel ensanglanté, mais n'y trouva plus que le corps de son mari inanimé.

Puisque cette jeune et malheureuse femme entre ici en scène, comment ne lui ferions-nous pas accueil nous-même dans notre récit, ne fût-ce que pour lui témoigner nos respectueuses condoléances et rappeler à quel titre elle aussi a droit à nos hommages ?

Nous avons dit, plus haut, qu'elle était née Delphine de Rosières-Sorans. Or, nous ne pouvons oublier que

______

(1) *Dict. de la conversation*, I, T. V, p. 727. — Voir aussi notice *biogr. du Comte Stanislas de Clermont-Tonnerre*, par le marquis de Chateaubrun, Paris, 1 vol. in-12, Champion, 1912.

cette famille est une de nos plus anciennes et de nos plus
nobles de Franche-Comté. Les Rosières sont déjà mentionnés dans nos titres au xiiᵉ siècle. L'addition du nom
de Sorans leur vient de l'acquisition que Gérard de Rosières, commandant du château de Vesoul, fit, en 1595,
de la terre de Sorans qui fut en 1686 érigée en marquisat
pour son petit-fils Jean-Simon de Rosières (1). Cette
terre ne changea plus de mains jusqu'à la Révolution.
Son dernier seigneur fut le marquis de Rosières-Sorans,
mort le 9 octobre 1817, à Vesoul, où il commandait la
subdivision militaire de la Haute-Saône.

La jeune veuve du comte Stanislas, dès le lendemain
de son deuil, se retira à Saintry, près de Corbeil (Seine-
et-Oise), où elle demeura, sans émigrer, jusqu'en 1802 (2).
C'est là qu'elle reçoit, de sa belle-sœur de Courtivron,
une lettre que nous ne saurions passer sous silence et
qui révèle les affectueux sentiments qui régnaient entre
les membres de leurs deux familles.

« Courtivron, par Is-sur-Tille, du 2 frimaire 1794.

« A la citoyenne Delphine Clermont à Saintry, près
et par Corbeil (Seine-et-Oise).

«... Que je voudrais donc te voir ! Je vois avec reconnaissance, mais avec un sentiment pénible, que tu chéris
toujours la mémoire de ton époux. Moi, je ne l'ai pas perdu
de vue un instant. Dans ma prison, j'implorais son
secours ; j'avais son courage ; plus que lui, je mépri-
sais la vie. Combien tu la lui rendis chère ! Hélas ! j'es-
pérais qu'il m'aurait appelé à lui. O mon frère, nos âmes
étaient faites sur le même modèle ! Elles sortirent ensemble du sein de Dieu créateur... Tu ne fus aimée comme
je t'aime que par lui ! »

(1) Sorans, commune de la Haute-Saône, canton de Rioz.
(2) Elle avait eu de son mariage avec Stanislas de Clermont-Tonnerre :
a) Charles-Gaspard, qui mourut le 5 mai 1787 ; *b*) Céline, mariée à
Alexandre Savary, marquis de Lancosme-Brèves.
Devenue veuve, elle épousa en 1802 le baron de Talaru.

Delphine de Rosières-Sorans
Comtesse Stanislas de Clermont-Tonnerre

Nous sommes heureux de pouvoir reproduire, à côté
de celui de son mari, le portrait de cette jeune comtesse,
l'un et l'autre dus à l'obligeance de M. le marquis de
Chateaubrun, qui les a recueillis dans l'héritage de sa
femme, née de Courtivron, descendante directe du
marquis Joseph-François de Clermont-Tonnerre.

Il serait tentant de fixer ici également les traits de
la sympathique figure qui vient de se révéler dans cette
lettre. A bien des points de vue, en effet, le portrait de
la marquise de Courtivron serait ici encore bien à sa
place(1). N'est-elle pas la fille du marquis François-Joseph?
N'est-elle pas née au château d'Hamonville ? n'est-elle
pas la petite-fille de notre maréchal duc et seigneur de
Vauvillers ? Enfin les Courtivron, par la proximité de
leurs résidences bourguignonnes, par leurs alliances de
famille, ne se rattachent-ils pas à notre Comté ? Mais il
faut nous restreindre aux limites et aux termes de notre
programme. Pour le faire, revenons à nos hôtes d'Hamonville.

(1) Christine-Stanislas-Marie de Clermont-Tonnerre, fille de Joseph-
François de Clermont-Tonnerre et de Marie-Anne de Lentilhac, née à
Hamonville et baptisée à Lunéville en 1763, épousa, le 19 avril 1779
Nicolas-Philippe Tanneguy Gaspard le Compasseur Créqui Montfort,
comte de Courtivron, fils aîné du marquis de Courtivron. La bénédiction
nuptiale leur a été donnée, ensuite de dispense de la cour de Rome, et par
permission de M. de Beaumont, archevêque de Paris, par J.-L. Aynard
de Clermont-Tonnerre, abbé de Luxeuil en Franche-Comté et vicaire général de Besançon, leur oncle, dans la chapelle de M. le duc de Tonnerre
(Note m. s. de l'abbé de Luxeuil (1779) aux mains du marquis de Chateaubrun.)

III

L'abbé de Luxeuil à Hamonville

Revenir à Hamonville, c'est encore pour y pleurer ;
non sans doute, comme nous l'avons fait hier, sur un
mort, mais pour pleurer sur un proscrit.

On se souvient que, le 7 juillet 1790, l'abbé de Luxeuil,
fuyant son abbaye, venait ici demander une hospitalité
que d'avance il était sûr de trouver large et empressée,
mais en échange de laquelle il n'apportait que le vide
de ses finances et la tristesse de ses malheurs.

A peine installé, il ne tarda pas à reconnaître que, là
comme ailleurs, l'esprit nouveau avait produit ses
fâcheux effets : inquiétude dans les esprits, trouble dans
les consciences et désorganisation du service divin.
Bientôt, la petite église du village fut sans prêtre et
plusieurs de ses voisines subirent le même sort. L'abbé
comprit alors le rôle qu'il était appelé à jouer parmi ces
populations privées de secours religieux, un rôle d'apôtre, et il se fit pasteur d'âmes. Son programme fut vite
tracé ; ce fut celui d'un curé de campagne. Mais comme
il n'y a pas deux manières de sauver les âmes et que tout
ministre de Dieu est tenu de reproduire l'idéal de son
Maître, à l'exemple du Sauveur, il se donna pour mission
d'édifier, d'instruire et d'administrer le peuple qui lui
était occasionnellement confié.

Edifier son peuple. Il le fit par sa tenue correcte au
village, comme au château ; par sa régularité dans ses
exercices de piété ; par sa fidélité et son exactitude à

célébrer les saints mystères, que, par une grâce spéciale,
il put célébrer jusqu'au dernier jour de sa vie ; par son
affabilité envers ses ouailles et son empressement à
leur rendre service. Cette attitude lui valut bientôt
de la part de tous l'estime, la considération et la vénération qui lui ménagèrent, plus tard, une grande partie
de son succès.

Instruire son peuple. Ce fut son second souci. Persuadé
de la nécessité d'enseigner la doctrine chrétienne, surtout en un temps où les prédications se faisaient rares,
il résolut de ne rien négliger pour atteindre ce but.
Aussi voulut-il d'abord se fortement documenter lui-
même sur les questions religieuses. Et, comme il ne
s'était pas spécialement livré jusqu'ici aux études
pastorales, n'ayant pas eu à exercer le ministère des
âmes, il se mit à consulter les auteurs spéciaux à la
matière et rédigea toute une série d'instructions qu'il
destina à son peuple. Nous avons eu en mains ces
instructions, demeurées manuscrites ; nous les avons
lues avec intérêt. Elles sont solides dans leur fond, écrites
sans prétention et, de plus, d'une simplicité de forme qui
les met à la portée de ceux auxquels elles sont destinées, ce qui les rend d'autant plus profitables. Sans les
analyser en détail, nous pouvons en indiquer rapidement le sujet.

Elles composent quatre volumes séparés. Le premier
a pour titre : *Recueil de maximes évangéliques ;* c'est un
extrait de l'*Explication littérale et morale de l'Evangile*,
ouvrage qui avait été imprimé à Paris en 1702, à destination surtout des gens de la campagne. Ce premier
tome ne compte pas moins de 774 pages in-folio. Il
est daté de 1796. Le deuxième volume a pour titre :
Instructions sur le catéchisme. C'est une suite de dix
leçons sur les principaux sujets de la doctrine religieuse.
Il est daté de 1796 et signé : *Un vicaire général de Dijon
et de Besançon*, petit volume in-12 de 189 pages. Le
troisième volume renferme les *exercices journaliers du*

chrétien, c'est-à-dire les prières qu'il doit réciter, les actes qu'il doit accomplir, les fautes qu'il doit éviter. Ce volume, grand in-12, de 236 pages, avec 5 gravures intercalées dans le texte, est daté de 1797 et signé : *Un vicaire général de Besançon*. Le quatrième volume a pour titre : *Petit livre d'heures catholiques, à l'usage des fidèles auxquels les ouvrages pénibles et continuels de la campagne laissent peu de temps pour s'occuper des vérités de la religion.*

L'auteur, sous forme d'avis, le présente ainsi : « Ce petit livre contient les vérités essentielles éparses dans le catéchisme ordinaire, vérités qu'aucun chrétien ne doit ni ignorer ni oublier. » Comme doctrine, ce livre ne renferme rien de particulier, mais il contient une fort belle profession de foi qui fait grand honneur à celui qui l'a écrite et que nous produirons plus loin. Le volume, in-12 de 270 pages, est signé : *Un ancien vicaire général* et daté de 1798 (1).

Ces quatre volumes, entièrement écrits de la main de l'abbé de Clermont-Tonnerre, et devant servir à ses prônes du dimanche et à ses catéchismes de la semaine, disent assez le souci que prit leur auteur d'instruire ses ouailles.

Administrer son peuple, au sens religieux du mot, c'est le régir, le diriger, le reprendre et lui accorder les sacrements de l'Église. Cette mission, le nouveau pasteur l'accomplit avec un zèle au sujet duquel nous ne lui ménagerons pas nos éloges. C'est dans l'église d'Hamonville qu'il l'exerça d'ordinaire, appelant à celle-ci les fidèles du lieu, mais lorsque, aux jours sombres de la Terreur, les églises furent fermées ou qu'elles n'eurent plus de pasteurs, il choisit pour lieu de culte et pour centre de son apostolat une salle basse du châ-

(1) Ces ouvrages, que l'auteur semble avoir désiré livrer à l'impression, sont demeurés manuscrits. Après la mort de leur auteur, ils sont restés au château d'Hamonville et ont passé, par voie d'héritage, aux mains du Baron de Braux (château de Boucq, Meurthe-et-Moselle), petit neveu du châtelain d'Hamonville.

teau, où il célébra les offices et convoqua ses ouailles.
Enfin, dans les plus mauvais jours, le clergé ayant
presque totalement disparu, il accepta d'aller dans
certaine grotte des bois proches et d'y administrer les
populations restées fidèles (1). C'est ainsi que les registres paroissiaux d'Hamonville, de cette époque, ne contiennent pas moins de 250 actes, tant de baptême que
de mariage ou d'inhumation, se rapportant soit aux
habitants du lieu, soit à ceux des paroisses voisines,
tous actes écrits de la main de l'abbé de Clermont-
Tonnerre et signés de lui.

D'après les traditions que nous avons recueillies sur
place, les populations répondaient volontiers à l'appel
de l'abbé. Les châtelains, par leur simplicité et leur
affabilité, s'étaient attiré la respectueuse sympathie de
leurs gens. L'abbé, ayant adopté la même attitude
qu'eux, avait bénéficié des mêmes faveurs. Aussi n'eut-
il pas plus que ses hôtes à subir les douleurs de l'émigration ou les angoisses de la persécution. Ce n'est pas
que, à une certaine période de la Révolution, il n'y
ait eu à Hamonville des perquisitions officielles, recher-
chant les prêtres *réfractaires ;* mais, quand elles devaient
avoir lieu, l'abbé ou son frère était prévenu la veille,
parfois par la gendarmerie elle-même.

Un ministère ainsi exercé ne rappelle-t-il pas les premiers jours du christianisme ? Cette pauvre église de
campagne, sans décor et sans relief, cette salle basse de
château, sans jour et sans espace, cette grotte retirée
au fond des bois, tout cela n'est-il pas une pénible réminiscence des premiers âges chrétiens ? Et encore, ce
grand seigneur d'autrefois menant la vie d'un déchu,

(1) Les paroisses qui ont été généralement desservies à cette époque par
l'abbé de Clermont-Tonnerre, sont, outre Hamonville : Beaumont, Bémé-
court, Domèvre, Emattay, Grosrouvres, Madres, Minaville, Ménil, La Tour,
Royaumier, Sanze, et même quelquefois Toul et Cormiéville, Bouvier et
d'Andilly.

ce dignitaire de l'Eglise devenu pauvre curé de campagne ou apôtre caché, cet opulent bénéficier réduit à tendre la main (1), n'est-il pas aussi un exemple renouvelé des premiers pontifes ou des premiers pères, dont nous admirons le sacrifice et la résignation ?

On dit que, un jour, oubliant ses préoccupations nouvelles, et l'esprit saisi par ses souvenirs luxoviens, il demanda à son entourage des nouvelles de son abbaye et que, troublé de ne rien apprendre, il se mit à pleurer. En recueillant ce trait, ne pouvons-nous pas, à défaut des correspondants qui lui ont alors manqué, nous présenter nous-même et répondre à leur place ?

(1) L'abbé de Clermont-Tonnerre, dans son exil à Hamonville, se trouvant à court d'argent, avait tenté de réclamer de l'Etat quelque indemnité en arguant des dépenses qu'il avait faites à Luxeuil, pour les restaurations dans le quartier abbatial. Il reçut du ministre des finances cette fin de non recevoir, qui a son intérêt, par les renseignements qu'elle contient. En voici le texte :

« Paris le 11 brumaire an 9 de la République une et indivisible (1800). Le ministre des finances, au citoyen Clermont-Tonnerre, ci-devant abbé de Luxeuil, à Hamonville, près Toul, département de la Meurthe.

« Il m'a été rendu compte, citoyen, d'une affaire qui vous concernait et qui a pour objet la répétition d'indemnités, que vous prétendez vous être dues, à raison des dépenses considérables, que vous annonceriez avoir faites, en réparations et améliorations et embellissements aux bâtiments et lieux dépendants de la ci-devant abbaye de Luxeuil, dont vous étiez alors abbé commendataire.

« Vous prétendez, en même temps, que ces indemnités, qui, selon vous, s'élèvent à plus de 150.000 francs, doivent être à la charge de la République, comme ayant disposé à son profit, des bâtiments de l'abbaye de Luxeuil et des biens en dépendant.

« Vous réclamez en outre le paiement de différentes sommes relatives à des objets particuliers et qui, d'après le détail circonstancié que vous en avez donné dans votre pétition, paraissait se monter à 40.000 francs.

« Je vous observerai, citoyen, que vos différentes réclamations présentent des créances, qui tombent dans l'arrière de la dette publique et que, d'après l'instruction du 12 pluviôse an six, sur le mode d'exécution de la loi du 24 frimaire précédent, l'examen de ces objets est de la compétence du liquidateur général de la dette publique.

« J'ai en conséquence, rendu, le premier du présent mois, une décision portant que vous deviez vous pourvoir devant ce liquidateur, pour être procédé, s'il y a lieu, à la liquidation dont il s'agit, ainsi qu'il appartiendra.

« J'ai jugé convenable, citoyen, de vous instruire directement de cette direction, qui vous mettra à même de vous y conformer.

« Je vous salue. Gaudy. »

Après votre départ de Luxeuil, l'inventaire de votre palais au début duquel vous aviez assisté, s'est continué en présence de votre procureur, l'ex-prieur de Soyères, Charles-Antoine Breton d'Amblans, qui l'a clos et signé.

Votre mobilier, votre bibliothèque, vos portraits de famille, vos papiers personnels, même diverses pièces de votre cellier (quelques bonbonnes de kirsch), ont été portés en l'hôtel de votre intendant Breton d'Amblans, demeurant au coin de la place de la Baille (1) ; cet intendant l'avait expressément revendiqué comme compensation des 6.000 francs qu'il vous avait antérieurement prêtés.

Quant au quartier abbatial, avec lequel ont été englobés les Halles, la prison, votre jardin antérieurement pris sur le cimetière et l'église Notre-Dame démolie ainsi que le verger qui est en arrière, il a été d'abord saisi par l'Etat, puis a été vendu par lui, le 8 mai 1791, à la municipalité luxovienne (2).

Le cloître a eu le même sort et le même acquéreur. La ville l'acheta, tant pour y aménager des halles au blé que pour créer, avec votre cour particulière, une place publique qui accéderait à la rue principale (3). La chapelle de Saint-Martin après avoir été prise par la municipalité a été détruite par elle en 1793 comme sans objet, le corps des chapelains ayant été lui-même supprimé.

Les religieux qui, troublés par les incidents douloureux de juillet 1789, s'étaient alors dispersés, étaient rentrés dans leur couvent, y avaient repris l'exercice de leur

(1) Cet hôtel était contigu à la maison à colonnes, qui était alors occupée par le général Ferrier du Châtelet. Les objets décrits sont signalés dans un inventaire fait après décès de Mme Hautcoles, sœur de M. Breton d'Amblans et morte dans la même maison en 1793.

(2) Pour la somme de 25.400 livres. Délibérations du 28 février 1790 et du 29 avril de la même année. (V. arch. munic. de Luxeuil.)

(3) V. arch. munic. de Luxeuil. Délibération du 25 octobre 1792 et pétition du 21 décembre de la même année, liasse 4, 17.

règle et avaient même prêté, en septembre 1792, le serment civique (1), se sont vus sous peu obligés de quitter leur maison.

Le 23 décembre de la même année, leur ancienne
église qui est aussi la vôtre, était le théâtre des pires
excès. Par ordre de la municipalité, les monuments
qu'elle contenait sont brisés ; les écussons et autres
signes de noblesse et de féodalité qui se trouvaient çà

Mausolée des Lignéville et des Saint-Mauris-Lambrey (haut, 2 m. 50)

et là dans son enceinte sont martelés ; le mausolée des
Saint-Mauris-Lambrey est renversé ; les caveaux qui
se trouvaient sous les chapelles du transept sont ouverts
et dépouillés de leurs restes funèbres ; le cénotaphe et
la statue funéraire de l'abbé Aymond de Mollain sont

(1) A l'assemblée du conseil général du 19 septembre 1792 se sont pré-
sentés 21 bénédictins prêtres et 3 religieux convers, savoir : Jean-Baptiste
Mouthon, Athanase Pailliard, Jean-Nicolas Daviot, François Guyet, Claude-
Etienne Vautherot, Joseph Michel, Etienne Thóulieu, Jean-Baptiste

La tête brisée de l' *Ecce Homo* .

La tête brisée de la statue funéraire
de l'abbé Aymond de Mollain (1365-1382)

Paroi antérieure du cénotaphe brisé de l'abbé Aymond de Mollain (1365-1382)

La tête brisée de la *Pie...*

(Fragments conservés au musée municipal de Luxeuil)   (Clichés de M. PHILIPPE, archiv. départ. des Vosg...

détruits ; l'*Ecce homo* et la *Pieta*, dont vous admiriez la beauté plastique, sont décapités.

Le 1er janvier 1793, il n'y avait plus un seul religieux dans le monastère (1).

Il y a plus encore. Votre belle et sainte église a été honteusement profanée. A la fête du 20 frimaire an II (10 décembre 1793), sur l'autel majeur, monta la déesse Raison sous les traits d'une jeune fille de Luxeuil, dont nous tairons le nom. Cet événement, quelque douloureux qu'il soit, nous ne saurions le taire ; nous vous le mentionnons comme un dernier et regretté souvenir (1).

L'abbé de Clermont-Tonnerre s'éteignit à Hamonville le 8 ventôse an X de la République (26 février 1801), à l'âge de soixante-seize ans, au milieu des siens et dans les bras de son fidèle serviteur Boulangier, qu'il avait amené de Luxeuil et par qui il avait été pieusement soigné jusqu'au bout. On exposa son corps sur un lit funèbre, on l'orna de fleurs et de couronnes, mais le plus beau joyau qu'on eût pu mettre entre ses mains, après l'image du Christ rédempteur, est le texte même de cette noble déclaration, qu'il avait écrite en tête de son dernier manuscrit *ad rudes :*

« Je soussigné, Jean-Louis-Aynard de Clermont-Tonnerre, vicaire général de Dijon et de Besançon, déclare : que je suis inviolablement et imperturbablement attaché à l'Eglise catholique, apostolique et romaine ; que je reconnais et tiens pour certaine et divine sa sainte hiérarchie; que je suis pénétré de respect et de fidélité envers elle ; que j'ai les mêmes sentiments pour le Sou-

Billerey, François-Joseph Ballay, François-Xavier Gaudard, Claude-Joseph Bertrand, Louis-Isaac Payen, François Morlot, Claude-Louis Ballay, Jean-Claude Guillet, Pierre-Nicolas Pachot, Benoit Gréhier, Joseph Willequey, Just-Ignace Ramelet, Pierre Petit, Joseph Lanfumey, tous prêtres ci-devant bénédictins ; et : Jean-François Delaunay, Joseph Blanchard, Charles-François Valot, ci-devant frères bénédictins.

(1) Reg. de la municipalité luxovienne.

verain Pontife, son chef, en qualité de successeur de saint Pierre, en tous ses droits et prééminences ; que je suis et serai à jamais soumis à l'autorité de la sainte Église, et à ses décisions, sur tout ce que j'ai pu faire, dire ou écrire, tant pour le passé que pour l'avenir ; que je crois et croirai toujours tout ce qu'elle enseigne, tout ce qu'elle a décidé et décidera ; que je condamne tout ce qu'elle condamne et que je rétracte, réellement, sincèrement et de bonne foi, tout ce qui ne serait pas conforme à ses décisions, soit dans ma conduite, soit dans les écrits que j'ai composés pour la plus grande gloire de Dieu et pour la défense de la religion et celle de l'Église catholique, apostolique, romaine, dans le sein de laquelle je veux mourir. »

Ainsi retourna à Dieu, dans la pauvreté et la simplicité, celui qui jadis, peut-être, avait trop vivement désiré d'être évêque, qui, peut-être, aussi s'était trop plaint de n'être que le fermier du bénéfice qu'il tenait de la bonté royale, mais qui, mûri par les leçons de la Providence, s'était de plus en plus attaché à Dieu, consacré à son culte et dévoué à sa doctrine. Sa sépulture eut lieu dans la chapelle seigneuriale attenant à l'église. On avouera sans peine que, cet abbé, tout commendataire qu'il ait été, sut bien mourir.

La mairie d'Hamonville rédigea ainsi l'acte de décès :

« Le 8 ventôse, an neuf de la République (28 février 1801), à huit heures du matin, Jean-Louis Aynard Clermont-Tonnerre, pensionnaire ecclésiastiquue, célibataire, est décédé, âgé de soixante-seize ans ; né à Paris, département de la Seine, demeurant à Hamonville ; sur la déclaration faite par le citoyen Francis Husson, laboureur d'Hamonville, voisin du décédé et François Boulangier, domestique du décédé et résidant à Hamonville. »

Pour un comte de Clermont-Tonnerre, dignitaire de l'Église et ancien seigneur d'une illustre abbaye, c'était

peu et médiocre. Heureusement que l'inscription de
la tombe qui recouvrait son corps dans la chapelle
seigneuriale et que nous lisons aujonrd'hui au cimetière,
sans doute rédigée par quelque membre de la famille,
dit plus et mieux ; elle porte :

« Ci git Louis-Aynard, comte de Clermont-Tonnerre,
avant la Révolution, abbé commendataire de l'Abbaye
de Luxeuil, second fils du maréchal duc de Clermont-
Tonnerre et d'Antoinette de Novion. Il desservait, par
charité, ladite paroisse d'Hamonville. La piété, la bonté
furent ses vertus favorites. Il demeurait depuis près
de dix ans chez son frère, où il est décédé le jeudi 26 février de l'an 1801, à l'âge de soixante-seize ans (1). »

Cette pierre tumulaire commémore un triple fait :
le décès d'un dignitaire de l'Eglise, la fin d'un mode de
gouvernement monastique, la disparition d'une célèbre
abbaye.

En relatant le décès de ce dignitaire de l'Église, nous
nous inclinons respectueusement devant celui qui, durant cinquante-sept ans, sut donner dans son palais à ses
religieux ou dans sa retraite d'Hamonville à ceux qui
l'y ont fréquenté l'exemple d'une constante régularité
de mœurs, d'une sincère piété et d'une vie irréprochable.

En soulignant la fin d'un mode de gouvernement
monastique, nous voulons dire celui de la commende,
quoique le défunt ait su le mitiger par une résidence à
peu près habituelle en son abbaye, nous ne pouvons
oublier que ce régime a été une des causes les plus néfastes de la décadence de nos ordres religieux, et dès
lors nous n'en souhaitons nullement le retour.

Enfin, en mentionnant la disparition de notre célèbre
abbaye luxovienne, nous tenons à exprimer à son sujet
des hommages, des regrets et des vœux.

---

(1) C'est par une erreur typographique qu'on nous a fait dire dans notre
ancien travail : *Les derniers jours de l'abbaye de Luxeuil* (Mémoires de l'Académie de Besançon, année 1889), que l'abbé Aynard de Clermont-Tonnerre
est mort en 1804. C'est 1801 qu'il faut lire suivant les indications ci-dessus.

Des hommages. Le défrichement qu'elle fit des halliers des Vosges, le mouvement religieux, intellectuel et social dont elle fut longtemps le centre, les cinquante monastères dont elle fut le berceau, les quarante-trois saints dont elle fut le foyer, les travaux littéraires dont elle fut l'initiatrice et la gardienne valent bien nos meilleurs hommages.

Des regrets. Quand on pleure des morts, les larmes sont toujours amères, mais elles le sont davantage quand ces morts auraient pu ne pas mourir. Si une institution n'a plus, dans sa forme extérieure ou dans ses rouages intimes, ce qui lui est nécessaire pour vivre, on la transforme. Et l'Église, qui veut vivre, se prête à toutes les modifications utiles et opportunes. Mais réformer n'est pas détruire. Notre abbaye tomba, tandis qu'elle aurait dû refleurir. N'est-ce pas là un motif de justes et cuisants regrets ?

Des vœux. Souhaitons que, la pacification religieuse s'étant faite parmi nous, les Bénédictins, toujours pionniers de la science et de la foi, ouvrent, sur notre sol français, de nouveaux monastères; et que, sans nuire à l'école sacerdotale si florissante et si aimée qui occupe aujourd'hui notre antique abbaye, ils repeuplent ces cloîtres qu'ils avaient reçus des Colombanistes et y fassent refleurir toutes les œuvres qui y brillèrent autrefois d'un si vif éclat.

IV

Les derniers Clermont-Tonnerre d'Hamonville

En 1801, restaient au château d'Hamonville le marquis Joseph-François et sa seconde femme. En effet,
quelques années après son veuvage (1776), le vieux
marquis s'était remarié et avait épousé Marie-Louise-
Antoinette de Guilloteau de Grandeffe. Il avait trouvé
en elle une femme digne de lui, partageant son esprit
familial, ses habitudes religieuses, ses œuvres d'apostolat, même ses pratiques de mortification. Pleine d'égards
pour l'abbé de Luxeuil pendant ses années d'exil, elle
avait été, à ses côtés, comme la plus fidèle des servantes.
On la voyait préparer avec soin son autel et ses orne-
ments, au besoin répondre aux prières de sa messe, lui
offrir, parmi la population du village, son aide et ses
services, comme d'être sa catéchiste auprès des enfants
ou son guide dans ses courses apostoliques. Elle avait
ainsi redonné la vie au château, en ce moment dépeuplé
par le départ ou la mort des enfants de la première
marquise.

Plusieurs enfants étaient nés d'elle : 1° deux qui mou-
rurent jeunes ; 2° un fils, Gaspard, qui naquit en 1796,
résida au château, ne se maria pas et mourut en 1868 ;
3° un fils, Aurore, qui continuera la branche.

Le marquis Joseph-François mourut à Hamonville
en 1809. Il devançait, de nombreuses années, la compagne

de sa vieillèsse qui, à son tour, s'éteignit au même château le 20 novembre 1846. C'est avec ces derniers chatelains que nous clôturerons la série de ceux que nous avons nommés les Clermont-Tonnerre comtois.

Nous n'ignorons pas que, à cette date, le château du lieu est encore occupé par deux fils de la défunte, l'un, Gaspard-Henri, qui ne se maria pas, et l'autre, André-Aurore, qui épousa vers 1850 Mlle Marie Guyot, de Saint-Mihiel. Mais ni leurs personnes ni les enfants du marquis Aurore ne conservent plus de caractères qui nous permettent de leur attribuer la qualification que nous avons donnée à ceux de la génération précédente. Dès 1850, vraisemblablement au moment de son mariage, le marquis Aurore vend le château et va habiter Verneuil dans le Berry. Son frère Gaspard quitte le pays pour aller mourir ailleurs (1868). Le château lui-même, passé à des mains étrangères est démoli de fond en comble, de sorte qu'il ne reste plus rien à Hamonville ni des châtelains ni de leur demeure. Bientôt même le nom de cette branche comtoise y aura disparu (1).

Mais pourquoi voudrions-nous pousser plus loin notre travail ? Les documents que nous avons recueillis

(1) Des Clermont d'Hamonville, seul le marquis Aurore fit souche. Il eut deux enfants : une fille, Blanche, et un fils, Gaspard-Elie ; Blanche de Clermont-Tonnerre naquit en 1856, épousa le 31 janvier 1878 le comte Raoul Chandon de Briailles et devint veuve en 1927. Elle vit encore mais n'a pas d'enfants. Gaspard-Elie de Clermont-Tonnerre naquit en 1857, embrassa la carrière militaire, fut capitaine au 3e zouaves, épousa, en Lorraine, le 2 mars 1889, Mlle Henriette Piat de Braux (1862-1896), fille du baron Gabriel Piat de Braux et de Mlle Louise des Robert, se démit de son grade en 1896, reprit du service en 1914, fit la grande guerre et en sortit chef de bataillon et officier de la Légion d'honneur. Il s'était fixé à Boucq (Meurthe-et-Moselle) terre de sa femme Néanmoins, il mourut accidentellement à Paris, chez sa sœur Blanche, le 26 novembre 1927, laissant une fille, Marie-Louise, qui suit :

Marie-Louise de Clermont-Tonnerre née à Boucq le 30 mars 1894, épousa à Paris le 26 septembre 1925 le prince Louis-Charles de Bourbon-Siciles et demeure avec son mari au château de Boucq (Meurthe-et-Moselle.) Leur union reste jusqu'ici sans enfants.

sur la noble lignée des seigneurs de Vauvillers et particulièrement sur la brillante figure du maréchal Gaspard,
qui en est la principale gloire ; ceux que nous avons
relevés touchant la vie semi-féodale et semi-monacale
de l'abbé de Luxeuil ou concernant celle de l'éminent
cardinal de Toulouse ; ceux que nous avons présentés
de la digne existence du marquis Joseph-François au
cours de ses campagnes comme dans son honorable
retraite en son château résidentiel ; enfin, tous ceux que
nous avons réunis sur la fière et généreuse attitude du
jeune comte Stanislas aux Etats généraux et à l'Assemblée nationale sont bien suffisants pour former le socle
de la stèle que nous essayons de dresser en l'honneur de
nos Clermont-Tonnerre comtois. En leur décernant
cet hommage nous pensons rattacher de plus en plus
à notre sol comtois cette famille qui, bien qu'elle n'en soit
pas originairement issue, lui a fourni, dès la deuxième
moitié du xviie siècle, dans tout le xviiie, et même
dans la première moitié du xixe, des sujets bien dignes de
l'y faire accueillir avec faveur et bien capables de l'y accréditer comme une des plus distinguées de notre province.

Notre tâche toutefois serait inachevée si nous nous en
tenions là et si nous ne tirions pas de cette monographie
historique la leçon qu'elle contient, car toute histoire
est un enseignement. Déjà, il est vrai, nous avons, au
cours de notre récit, implicitement indiqué comment les
sociétés humaines sont dirigées, protégées, soutenues
par certaines familles, qui en sont l'élite, la force et
l'honneur ; comment ces familles elles-mêmes s'affirment, s'élèvent, grandissent par leur mérite, leur travail,
leur générosité, leurs efforts, leur vertu, comment
elles exercent autour d'elles une salutaire influence,
comment même elles deviennent l'ossature du corps
dont elles font partie, tant du moins qu'elles conservent
à leur front l'auréole du mérite et de la vertu, selon la
vieille devise *virtuti fortuna comes*.

Mais à cette leçon, nous voulons ajouter un conseil final. Qu'on nous permette donc de dire à ceux qui ont bien voulu nous lire : que si quelques-uns d'entre eux, épris de la noble ambition de grandir, ont senti le vent qui pousse aux sommets gonfler leurs ailes, qu'ils ne résistent pas à son impulsion et qu'ils se laissent volontiers porter vers l'idéal qui, en toute matière, est le divin. Il y aura toujours, dans la société, place au déploiement de leur activité, à l'application de leur crédit et, par là même, à leur élévation personnelle. Quant aux autres qui, fixés dans la plaine, se contentent de regarder monter ceux qui s'élèvent ou de contempler ceux qui sont arrivés, qu'ils sachent bien qu'ils ont, à l'égard des uns et des autres, un rôle à jouer et une attitude à prendre. Dans quelque rang social qu'ils se trouvent et à quelque parti politique qu'ils appartiennent, qu'ils s'appliquent à étouffer ces passions d'égalité qui souvent nous emportent, à éteindre ces instincts de jalousie qui parfois nous aveuglent ; qu'ils réservent dans leur esprit à la tradition familiale le crédit qu'elle mérite ; et que, tout en favorisant les familles qui sont en train de monter, ils honorent et soutiennent celles qui sont arrivées. En agissant ainsi, ils contribueront efficacement à constituer une société puissante et un pays prospère.

Puissent les pages que nous venons d'écrire aider à obtenir ce résultat.

APPENDICE

APPENDICE

Bulle de Calixte II

Portant privilèges concédés à Aynard de Clermont,

[22 juin ? 1120.]

Calixte, évêque, serviteur des serviteurs de Dieu, à notre aimé et cher fils dans le Christ, noble Aynard de Clermont, salut et bénédiction apostolique.

Élevé par la grâce de Dieu, et malgré notre indignité, à la souveraine dignité apostolique, nous devons, avec un grand soin, juger les mérites et démérites de tous les chrétiens, afin qu'ils reçoivent les uns la récompense due à leurs bienfaits, c'est-à-dire nos grâces spirituelles, et les autres leur punition pour les peines qu'ils méritent, c'est-à-dire de justes anathèmes.

C'est pourquoi, le Dieu tout puissant a voulu nous mettre à la tête de l'Eglise romaine et a décrété que nous jouissions de l'autorité et que nous exercions la justice, aussi bien pour récompenser notre très cher fils Aynard, animé d'un grand zèle et d'une grande charité, que pour punir Bourdin de sa per-

Calixtus episcopus, servus servorum Dei, dilecto et charo in Christo filio nobili Aynardo domino de Clermont, salutem et apostolicam benedictionem.

Nos, Dei gratia, nullis nostris meritis ad apostolicum culmen evecti, nostri pastoralis officii esse ducimus communem omnium Christianorum curam agere eoque nostra omnia referre studia et consilia, ut singulorum rite perpensis meritis et demeritis, boni sua præmia, id est, spirituales nostras gratias consequantur, mali vero debitis pænis et justis anathematis fulminationibus plectantur.

Cum primum Nos Deus Opt. M. Romanæ præesse Ecclesiæ voluit, ea etiam pollere auctoritate jussit, quæ ad utrumque justitiæ munus, tum in compensando dilectissimi filii nostri Aynardi insigni zelo et amore, tum in vindicanda Bourdini perfidia ejusdemque ab Ecclesia catholica nefaria et pertinaci discessione, valeret. Et quanquam non sine summo nostro

fidie et de son opiniâtre opposition à l'Eglise catholique. Et, bien que ce ne soit pas sans une grande douleur que nous ayons sévi contre lui, par le glaive de la puissance que Dieu nous a confiée, ce fut pour nous une grande consolation de voir, dans le même temps, notre cher fils saisir cette occasion de manifester son empressement à notre égard et de nous offrir, en retour, celle de pouvoir certifier de son absolu et inoubliable dévouement et de ses services si éclatants.

En effet, ses ancêtres ont toujours brûlé d'un saint zèle pour l'Eglise catholique : toujours sa famille a attiré sur elle d'innombrables récompenses et bénédictions : il ne s'est jamais passé de temps où l'Eglise, ayant besoin d'être secourue, ne l'ait été courageusement par eux.

Ainsi, Sibaud, père de notre cher Aynard, et Aynard luimême, prirent tellement à cœur la protection et la défense de l'Eglise de Vienne, qu'ils n'ont pas hésité à sacrifier leurs richesses et leur sang pour elle. Et notre cher Aynard n'a pas seulement égalé l'infatigable courage et le zèle de ses pères, mais il les dépassa tellement, que, ce qu'ils avaient fait pour l'église de Vienne en particulier, il le fit pour toute l'Eglise et le siège apostolique. En effet, lorsque, après avoir quitté le fond des Gaules, il voulut nous ramener à Rome, il alla jusqu'à nous venir en aide de ses troupes et de son argent, et cela jusqu'à ce que

dolore factum sit, ut adversus eum traditæ nobis a Deo potestatis gladium distinxerimus, fuit tamen haud mediocre nobis solatium, quod eodem tempore sic nos Deus amarit et nec dilectissimo nostro Aynardo sui in nos significandi obsequii occasio defuerit, nec nobis vicissim, ut illi propensissimam voluntatem et tam bene navatæ operæ haud immemorem testaremur.

Pro eo quo proavi ejus de Ecclesia catholica semper arserunt bene merendi desiderio, nunquam innumeris ejusdem Ecclesiæ donis et gratiis caruit nobilis domus, nullum unquam idoneum tempus abire permissum est quominus ab eis Ecclesia, cum juvari posset, strenue juvaretur.

Enimvero Sibaudus, pater Aynardi nostri, et Aynardus tanto animi ardore Viennensis ecclesiæ deffensionem atque propugnationem susceperunt, ut non opibus nec sanguine quidem suo pepercerint. At patrum suorum strenuam virtutem et amorem non modo æquavit Aynardus noster, sed tantopere superavit, ut quod illi private in ecclesiam Viennensem opis contulerunt valde infra beneficia ab hoc in universam

nous ayons été paisiblement rétabli sur le Saint-Siège apostolique. Il le fit non sans de difficiles et pénibles efforts, tandis que le schismatique s'efforçait, à l'aide des légions germaniques, de multiplier les obstacles pour retarder notre départ et notre arrivée à Rome.

Maintenant que, grâce à ses insignes services, nous avons été rétabli à Rome et y demeurons dans la paix, n'ignorant pas qu'il faut et qu'il est absolument nécessaire pour qu'il puisse par lui-même s'occuper de ses affaires, qu'il revienne dans sa patrie, d'où il est parti spontanément pour nous rendre la nôtre, nous manquerions à notre devoir si nous négligions de récompenser dignement un tel service. Cependant, puisque un tel bienfait ne peut être justement récompensé par des faveurs temporelles, nous voulons immédiatement lui accorder des faveurs spirituelles, qui surpassent en dignité les premières.

A ces causes :

Tout d'abord, nous accordons à lui et à toute sa famille d'abondantes bénédictions.

Considérant ensuite tous les dangers auxquels il n'a pas craint de s'exposer pour l'amour de Dieu et des Saints apôtres Pierre

Ecclesiam et sanctam apostolicam Sedem collata reperiatur. Nos enim cum, relicto Galliarum secessu, in hanc Urbem seducere vellet, nec eo usque destitit copiis et pecuniis juvare, donec tutum in Sanctam Sedem Apostolicam receptum haberemus, qui conatus non pænarum et laboris expers extitit ; neque enim cessabat interea schismaticus, Germanicarum ope legionum, summopere enitens ea omnia proferre impedimenta quæ tum iter nostrum, tum adventum in Urbem remorarentur.

Nunc insigni illius opera restituti et pacifice in Urbe commorantes, cum sciamus opus esse et maxime necessarium ut rebus suæ ditionis præsens consulat, patriamque repetat a qua, ut nos in nostram restitueret, sponte exulavit, contra officii nostri rationem esse duximus, si dignam tali beneficio gratiam referre negligeremus. Et quoniam ejusmodi beneficia temporalibus gratiis rite compensari nequeunt, volumus spiritualia munera quæ aliis dignitate præstant impendere.

His de causis :

Primum nos eum ejusque familiam totam apostolicis benedictionibus impense cumulamus.

Dein, omnia considerantes pericula quæ amore Dei et sanctorum apostolorum Petri et Pauli accensus subire non renuit

et Paul, et les peines qu'il supporta, nous lui permettons de toucher les corps desdits apôtres, comme aussi ceux de tous les autres saints, et tous les objets destinés au culte sacré, excepté toutefois les vases qui servent à contenir le corps et le sang du Christ Notre-Seigneur. Et comme l'excès de ses mérites rend l'Eglise de Dieu incapable de toute digne rémunération, nous voulons que la mémoire de ce fait demeure chez ses descendants par un illustre souvenir ; Et nous entendons que tous et chacun de ceux qui naîtront de l'illustre Aynard, par ordre de primogéniture, jouissent à perpétuité du même privilège, à condition toutefois de baiser auparavant nos pieds ou ceux de nos successeurs.

Et comme c'est sous ses insignes militaires que notre dignité, comme sous une protection assurée est demeurée inviolée, de même nous voulons que notre cher fils possède les insignes de notre dignité. C'est pourquoi, nous décidons, qu'à l'avenir, laissant de côté son blason de famille qui était : *une montagne surmontée d'un soleil rayonnant*, lui et ses enfants en prennent un nouveau qui aura un *fond de pourpre, et deux clefs d'argent*. Non content de cela, nous lui concédons en plus ce signe de la puissance papale, le droit à la tiare pontificale, qui placée au sommet de l'écu, signifiera que notre très cher fils et ses enfants demeurent sous la tutelle et la protection du siège apostolique. Et comme il

et labores quos exantlavit, permittimus ut sanctissima eorumdem apostolorum corpora, nec non omnium sanctorum, resque omnes sacro cultui destinatas, exceptis duntaxat quæ ad conficiendum Christi Domini sacratissimum Corpus et Sanguinem usui sunt vasis, manibus contrectare et palpare jure suo possit, et quoniam excessus meriti omnem adimit Ecclesiæ Dei dignæ remunerationis potestatem, ideo volumus apud posteros ejus memoriam facti illustri monumento conservari, facimusque omnes et singulos ex illustri Aynardi prosapia nascituros, quibus jura primogenitorum competent, ejusdem gratiæ et in æternum duraturi privilegii compotes : ea tamen lege, ut nostros antea vel successorum nostrorum pedes religiose deosculati fuerint.

Quia vero sub illius militaribus signis nostra dignitas quasi sub certo azilo stetit inviolata, volumus etiam ut dilectus filius nostræ dignitatis insignibus minime careat. Itaque sancimus in posterum ut, relicto gentilitio stemmate quod hactenus sole supra verticem montis irradianti conspicuum habuit, novum ipse et liberi ejus assumant, binisque ex argento clavibus in purpureo æquore fulgentibus sua scuta et arma nobilitent.

pourrait se faire que, par suite de l'oubli de Nos successeurs, ses enfants soient privés, en partie, des privilèges cités plus haut, pour éviter ce danger, Nous voulons que chacun de ceux qui continueront la famille, lorsqu'ils se présenteront pour baiser les pieds du pape, alors régnant sur ce même siège, prononce les mêmes paroles que Pierre autrefois dit au Christ, comme preuve de sa foi : « Quand même tous vous renieraient, je ne vous renierai jamais », et que, seulement après cet acte de soumission, il lui soit permis de toucher les saintes reliques.

Cédant aux prières de notre très cher fils, nous permettons aussi que les privilèges et faveurs cités plus haut soient accordés à son frère Sibaud et à ses enfants, avec cette restriction, toutefois, que seul pourra jouir du droit de porter en cimier la tiare, celui-là qui sera le chef de la Maison de Clermont, afin qu'une si illustre et si noble distinction ne soit pas commune à toute la famille.

Notre très cher fils fit preuve du même zèle et de la même charité en ne s'éloignant pas de nous avant l'extinction du schisme. Nous l'avons laissé partir malgré lui, pour qu'il puisse

Neque his contenti, jus insuper concedimus papalis regni sive pontificiæ thiaræ, quæ stemmati præfigatur et summa in casside quasi supremæ dignitatis apex constituatur, ut omnibus palam fiat charissimum filium nostrum ejusque posteros ad tutelam et patrocinium sanctæ Sedis apostolicæ pertinere. Sed quoniam labente eorum qui nobis successuri sunt pontificum memoria fieri posset, ut magna supradictorum privilegiorum parte liberi ejus expoliarentur, nos huic oblivioni et incommodo præcaventes volumus ut quivis suorum nepotum ditionem Claromontanensem possessurus cum in procinctu fuerit, ad deosculandum pedes Summi Pontificis, tunc in eadem qua nunc nos sessuri cathedra, easdem illas voces et verba pronunciet quæ olim Christo Domino dominus Petrus, ut fidem suam comprobaret, protulit : *Etiamsi omnes te negaverint, ego non te negabo :* quo solum prœvio obsequio, fas sit ei sacras reliquias manibus contingere.

Permittimus etiam, charissimi filii nostri precibus annuentes, ut supradicta privilegia et concessæ gratiæ ad fratrem Sibaudum ejusque liberos pertineant, ea scilicet lege ut jus præfigendæ gentilitio stemmati thiaræ et soli competat qui ditionem Claromontanensem jure primogeniti possidebit, ne tam clarum et nobile decus multis habeatur commune.

Non deerat charissimo filio nostro amor et desiderium, ut a nobis antequam schisma omnino tolleretur non discederet,

s'occuper de ses affaires personnelles et des affaires de sa Seigneurie et pour qu'il écarte tout danger ennemi qu'une trop longue absence ferait courir aux siens.

De nouveau, donc, nous lui accordons d'abondantes bénédictions apostoliques. Nous prions le Dieu tout puissant et les saints apôtres Pierre et Paul, dont il défendit courageusement et puissamment le patrimoine, de le prendre sous leur protection leur demandant en même temps qu'après avoir passé heureusement sa vie mortelle, il mérite de parvenir à une meilleure et plus heureuse vie dans le ciel. Ainsi soit-il.

CALIXTE, évêque de l'Eglise catholique ;

† Jean, cardinal prêtre de Saint-Chrysogone ;

† Guido, cardinal-prêtre de Sainte-Balbine ;

† Grégoire, cardinal diacre de Saint-Ange ;

† Pierre, cardinal diacre des Saints Côme et Damien.

† Rosemain, cardinal diacre de Saint-Georges-in Velabro.

Donné au Latran, par les mains de Chrisogone, cardinal de la Sainte Eglise Romaine et bibliothécaire : Indiction 13, l'an de l'Incarnation du Verbe 1120, sous le pontificat du pape Calixte II.

sed nos invitum et renuentem ; quo melius de summa rerum suarum statuat et a popularibus suis periculum hostium illam diuturnæ absentiæ captantum arceat, remittimus.

Iterum igitur apostolicas in eum benedictiones abunde congerimus, Deoque Optimo Max. sanctisque apostolis Petro et Paulo quorum partes tam fortiter et animose tutatus est, ut in suam recipiant singularem tutelam commendamus, precantes interim ut post hujus mortalis vitæ feliciter decursum stadium, ad meliorem in cælo et feliciorem vitam pervenire mereatur. Amen.

CALIXTUS, episcopus ecclesiæ catholicæ.

† Joannes, presbiter cardinalis sancti Crisogoni, ss.

† Guydo presbiter cardinalis sanctæ Balbinæ, ss.

† Gregorius, diaconus cardinalis sancti Angeli, ss.

† Petrus, diaconus cardinalis sanctorum Cosmæ et Damiani, ss.

† Roscemanus, diaconus cardinalis sancti Georgii in Velabro, ss.

Datum in Laterano, per manus Chrisogoni, Sanctæ Romanæ Ecclesiæ cardinalis, et bibliothecarii, indictione 13, anno incarnati Verbi 1120, pontificatus Domini nostri Calixti Papæ secundo.

II

Etat des droits seigneuriaux de Ruaux en Lorraine appartenant pour la moytié à Monseigneur le Marquis de Clermont-Tonnerre.

Monseigneur a d'abord tout droit d'haute moyenne et basse justice sur tout le territoire de Ruaux et par conséquent celui de nommer les officiers, quoyque depuis longtemps et même depuis environ 20 ou 30 ans il n'y en ait eu de nommés que de la part de M. de Vienne toujours audit Ruaux, pourquoy ces officiers ont toujours extrêmement incliné du côté de ce coseigneur si vray qu'ils lui ont attiré des droits et des sujets de plus qu'il ne doit avoir à quoi l'on peut remédier à cause de la rue que chacun seigneur doit avoir.

Monseigneur de Clermont a actuellement 35 ou 36 sujets dans la rue qui lui payent annuellement et chacun une quarte de seigle et une d'avoine à la mesure de Remiremont assez petite.

Ces mêmes sujets payent aussi annuellement chacun une poulle à Monseigneur, qu'il ne perçoit pas entièrement, à ce que l'on a appris ; parce que les bénédictins de Fontaine jouissent du droit qui leur en donne treize à prendre sur tous les sujets de l'une et l'autre seigneurie indifféremment, à quoi l'on observe que Monseigneur perd encore parce qu'il n'a pas tant de sujets dans la rue que dans celle de M. de Vienne.

Il y a une taille sur toute la communauté de quarante livres fixe et annuelle, ce qui fait pour chaque seigneurie vingt.

Il y aussi un moulin bannal qui rapporte neuf besaux de seigle aux deux Seigneurs ce qui est quatre et demy pour chacun.

Les Seigneurs amodient un petit étang réduit en prel qui rapporte pour les deux annuellement quinze livres ce qui est sept et demy à chacun, mais l'on pourra talonner (?) cette amodiation.

Le meilleur des droits de cette terre est celuy qui accorde aux deux seigneurs le tiers du prix de la vente des bois communaux au cas (ou) les habitants en vendent ; On ne m'a pu encore informer si les seigneurs avaient du bois en propriété ; en tout cas, ils doivent, comme haut justiciers avoir le triage dans les communaux, si tant est qu'ils n'en ayent aucun en propriété et que les bois, toutefois soient mis en police.

Il y a droit de consentement et de retenue ; et les lods se payent de douze l'un.

Il y a aussi une petite rivière qui, à ce que l'on m'a dit, n'a pas été amodiée.

Je n'ay pu être informé au juste quels sont certains cens seigneuriaux affectés sur la forge de Saint-Monze qui est dans ce voisinage mais qui peuvent être de 8 à 10 gros par année.

L'on m'a fait voir un arrêt du parlement de Besançon du 27 juin 1681, qui attirait les sujets de Ruaux à la justice de Vauvillers, si vray que les officiers du bailliage de ce lieu y allaient quelquefois en commission, mais depuis un arrangement, qui a été pris entre des commissaires de France et de Lorraine au sujet de Ruaux et Hallaincourt, M. de Vienne s'est approprié le droit de nommer seul des officiers, abus à réformer promptement.

Noms des officiers actuels de Ruaux :

Juge, le sieur Vuillaume Dépinal lieu de la résidence de M. de Vienne.

Procureur fiscal, le sieur Vittement, de la forge de Saint-Monze Quant à cet officier, il est bien le maître dans pareille commission d'avoir du bois pour sa forge, qui est du voisinage. Il est aussi tabellion.

Pour ce qui est du greffier, c'est un nommé Jean-Baptiste Marcel de Ruaux, sujet de Mondseigneur de Clermont.

Il y a aussi un sergent qui est son sujet.

Il est à remarquer que le droit de chasse est seul capable de faire monter la moytié de cette terre sur les lieux. A quelque chose près, elle pourrait aller à quarante cens, en se réservant toutefois le droit du tiers denier, en cas de vente, ou du moins la moitié de ce droit.

Voilà toutes les indications que le soussigné a pu avoir de plusieurs personnes sur les lieux et à Plombières où le sieur Laurent de ce lieu qui y a été autrefois procureur fiscal, les lui a certifiées.

Signé : LEGROS.

(1) Cette pièce originale, non datée, mais vraisemblablement de la fin du xviie siècle ou du commencement du xviiie siècle, a son intérêt, en ce qu'elle donne la physionomie de ces deux seigneuries et de leurs rouages agissant conjointement.

III

Note payée par le maréchal duc de Clermont-Tonnerre

(Mémoire des droits à payer par les Ducs et Pairs de France, le jour de leur prestation de serment.) (1)

Au premier secrétaire de M. le premier Président 300
Au second secrétaire 150
Aux quatre valets de chambre, chacun 60 l...... 240
Aux cinq laquais, chacun 20 livres 100
Aux deux cochers, chacun 20 l. 40
Au postillon 20
Au suisse 60

Au premier secrétaire du Procureur général 150
Au second secrétaire ... 50
Aux deux valets de chambre, chacun 30 l. 60
Aux trois laquais, chacun 15 l. 45
Au cocher et au postillon chacun 15 l. 30
Au portier 20

Au secrétaire de M. le rapporteur 100
Au valet de chambre et aux deux laquais 60

Au cocher 15 l., au portier, 20 l. 35
Au secrétaire de M. le greffier en chef 60
Au valet de chambre, 30 l. ; à deux laquais 30 l. 60
Au cocher 15 l. ; au portier, 20 l. 35
Aux trois greffiers de la chambre, ch. 130 l. ... 390
Aux deux laquais, chacun 15 l. 30
Au cocher 15
Aux deux laquais de M. Isabeau et au cocher 45
Aux six commis du greffe chacun 20 l. 120
Au principal commis qui délivre l'arrêt 20
Au commis à la peau qui expédie l'arrêt 20
Au greffier garde minutes 20
Au commis garde minutes 20

(1) Voir *Généalogie de la Maison de Clermont-Tonnerre*, par l'abbé de Clermont-Tonnerre, abbé de Luxeuil, 1779. M. s. arch. famil. du marquis de Châteaubrun à Noironte (Doubs). Cette note y est relatée.

13

Au contrôleur	20
Au buvetier de la grande chambre	60
Aux deux garçons de la buvette	30
A l'hôpital général, dont on tire quittance. ...	84
A la communauté des huissiers, *id.*	160
Pour le droit de chapelle *id.*	25
Au premier huissier	130
et à son clerc	160
Aux cinq huissiers de service au parquet	10
Au buvetier du parquet	20
Au garçon du buvetier.	12
Aux sept clercs de la communauté des huissiers	35
Aux deux gardes du palais	20
Aux balayeurs de la grande chambre	15
Au portier du palais ...	5
A l'orphèbre qui porte le buffet	150
Au courrier qui porte le billet	100
Total	3.326

IV

La terre abbatiale de Luxeuil, lors de la prise de possession de l'abbaye, par l'abbé de Clermont-Tonnerre (1743)

Nous donnons l'état de la terre luxovienne, d'après Dom Guillo, prieur conventuel du monastère, dans son histoire manuscrite (*in fine*) de l'abbaye. Quoique cet état se réfère à l'année 1725, année où cette histoire a été écrite, nous pensons qu'il n'a pas varié de 1725 à 1743 ; et que, dès lors, nous pouvons le présenter comme étant celui auquel la terre était soumise lors de la prise de possession de l'abbaye par l'abbé de Clermont-Tonnerre en 1743.

A

RÉGIME TEMPOREL

1º *Composition de la terre.* — Vingt-quatre villages, auxquels se joignait, pour certaines parts, la ville de Luxeuil, composaient la terre abbatiale. C'étaient :

La ville de Luxeuil

1 . Abécourt.	13 . Ehuns.
2 . Ailloncourt.	14 . Froideconche.
3 . Ainvelle.	15 . Neurey.
4 . Anjeux.	16 . Ormoiche.
5 . Bassigney.	17 . La Chapelle.
6 . Baudoncourt.	18 . La Pisseure.
7 . Saint-Bresson.	19 . Pommoy.
8 . Breuche.	20 . Saint-Sauveur.
9 . Breuchotte.	21 . Saint-Vaubert.
10 . Briaucourt.	22 . Vellemenfroid.
11 . Brotte.	23 . Villers.
12 . Brest-Ebot.	24 . Vizoncourt.

Dans ces vingt-quatre villages, l'abbaye percevait tous les droits et revenus que comportait le régime féodal.

Elle percevait en outre des revenus afférents à des propriétés situées dans des villages hors de la terre et dont voici le tableau :

1. Alliers.	16. Phons.
2. Amblans.	17. Vaudoncourt-en-Barrois.
3. Bouhans.	18. Belonchamp.
4. Velotte.	19. Corravillers.
5. Monthureux.	20. Saint-Hilaire.
6. Agneville.	21. Conflans.
7. Adelans.	22. Corbenay.
8. Frotey-les-Vesoul.	23. Cuve.
9. Mailley.	24. Chapendu.
10. Ste-Marie-en-Chanois.	25. Pannes
11. Melaincourt.	26. Vaivre.
12. Bleurville.	27. Vellefaux.
13. Saint-Julien.	28. Velorcey.
14. Provenchères.	29. La Ville-Dieu.
15. La ville de Salins.	30. La ville de Vesoul.

L'abbaye possédait en plus :

Les château et village de Mailleroncourt-Charette ;

Le château de Brotte et les biens en dépendant ;

Le village de Boulot, près Châtillon-le-Duc ;

Le village de Charentenay-sur-Saône ;

Le cens de 136 quartes d'avoine dû à Echenoz-les-Vesoul, possédé par plusieurs particuliers en fief de l'abbaye ;

Les fiefs de Monthureux-sur-Saône, de Breuche, de la Chapelle, de Baudoncourt, de Mailley, en vignes, terres, prés, moulins tenus alors par la dame de Tavanne, qui avait repris le fief de M. l'abbé.

2° *La mainmorte.* — Par le traité d'union de l'abbaye au comté de Bourgogne, et ensuite de la cession de la souveraineté de l'abbaye à Charles-Quint, par François de la Palud, le 29 octobre 1534, la mainmorte et le formariage, dans toute la terre, étaient appliqués à tout sujet y résidant, et il ne pouvait en être soustrait que s'il obtenait affranchissement de la bonne volonté du seigneur abbé, auquel il devait présenter requête.

On ne pouvait acquérir et encore moins prescrire liberté et franchise pour aucun laps de temps. On ne pouvait vendre ni échanger à gens d'une autre mainmorte. Si on avait des enfants légitimes, on le pouvait à gens de même mainmorte. Mais, si on n'avait pas d'enfants, on ne pouvait ni vendre ni échanger à gens ni de même ni d'autre mainmorte.

Les enfants, même en communion avec leurs père et mère, s'ils ne laissaient pas, eux-mêmes, d'enfants, faisaient échute de leurs biens acquis ou avenus par successions, donations, libéralité, de leurs ascendants, collatéraux ou autres, tant en usufruit qu'en propriété, à l'exclusion de leurs père et mère.

3º *La justice.* — L'abbaye (en fait, l'abbé, et à son défaut ou par délégation le prieur conventuel) exerçait haute, moyenne et basse justice sur tous les villages dépendants de la terre, et sur tout sujet y demeurant.

Toutes les amendes adjugées dans le bailliage de sa seigneurie lui appartenaient, de même que toutes les épaves et commises et les droits de mainmorte et de formariage.

L'abbé instituait tous ses officiers de justice, pour le civil et le criminel, en toutes fonctions, autorité et prérogatives qu'ont les bailliages royaux, c'est-à-dire qu'il nommait lui-même : Bailli, Lieutenant, Avocat, Procureur fiscal, Prévost, Greffier, Garde-notes. Il instituait un tabellion général, par devant lequel seul tous les contrats de toute la terre étaient passés et reçus, avec privilège du roi pour le contrat et pour le scellé.

Tous les sujets de la dite terre devaient à l'abbé secours, aides, subventions, lorsqu'il revenait de Rome pour s'y faire confirmer, ou lorsqu'il prenait son investiture en régale. Ils devaient aussi fournir aux réparations du château de Baudoncourt. Et encore ils devaient (les officiers seuls exceptés) fournir guet et garde et comparaître aux montres d'armes ordonnées par le capitaine de Baudoncourt et assister, avec armes, aux exécutions des criminels faites par autorité de justice.

La haute justice appartenait aussi à l'abbaye dans les villages de Bouhans, Amblans et Velotte, qui formaient un bailliage séparé, ressortissant immédiatement au Parlement ; et dans ceux de Radon, Chapendu, Mailley, Vellefaux et Monthureux, ressortissant à Luxeuil, ainsi que Cuve, Provenchères-en-Barrois, Vaudoncourt-en-Barrois.

4º *La police.* — Tous les ruisseaux et toutes les rivières de la terre de Luxeuil étaient considérées comme appartenant à l'abbaye ; d'où, pour celle-ci, le droit de pêcher, à l'exclusion de tout autre. Que si le bourgeois pêchait, il fallait que ce fut sans *trouble* ou *foigne*, qu'il ne prît que ce qui peut être raisonnablement servi sur une table, et qu'il se gardât bien de rien vendre.

Le droit de chasse était également réservé. Que si on s'en relâchait envers quelqu'un, le chasseur devait prélever et rendre à l'abbaye le quartier de derrière du cerf ou de la biche, la hure du sanglier, le cuissot du chevreuil.

Tous les sujets de la terre devaient prendre le sel, chaque mois, du receveur établi par l'abbé, et cela au prix taxé. La charge dudit receveur s'achetait.

L'abbaye avait aussi droit de visite des grands chemins par toute la terre.

Elle avait encore le droit d'aubaine, qui est de succéder aux étrangers décédés dans la terre sans hoirs légitimes ; et encore celui de régale (droit de percevoir les revenus des abbayes et des évêchés vacants) qui lui fut accordé par les empereurs.

L'abbaye, possédant des bois et des forêts immenses, avait le droit de mettre son gruyer dans la ville, afin que tous les officiers et gardes des bois de ses divers villages pussent venir prêter serment de bien exercer leur emploi. C'est le Père prévost qui les recevait. Elle avait encore le droit de faire procurer par ses sujets tous les charrois dont ses vignes avaient besoin. Aussi, lors des vendanges, ses gens venaient-ils prendre les tonneaux à l'abbaye, les portaient-ils vides à la vigne et les ramenaient-ils pleins au monastère.

Pour les étangs, l'abbaye percevait la dîme des poissons qui s'y prenaient, ce qui faisait un revenu très considérable.

L'abbaye avait encore le droit de s'incorporer et de s'unir, par acquisition, les villages et places enclavés en sa terre, pourvu qu'elle donnât d'autres fiefs et arrière-fiefs aux villages et places qu'elle prendrait.

L'abbé devait veiller à l'exactitude des mesures de blé, vin, viande, aulnage. Question délicate, déjà difficile à traiter au temps de dom Guillo, eu égard aux divers traités faits entre les religieux et messieurs de ville.

L'abbé avait le banvin deux fois l'an et chaque fois trois semaines, pendant lesquelles personne que lui ne pouvait vendre du vin.

Le maire et les échevins de Luxeuil devaient prêter serment entre les mains de l'abbé dès qu'ils étaient élus.

Le maître des bains devait prêter le même serment. L'abbé, alors, se réservait droit sur les bains pour lui et les siens.

Les bourgeois ne pouvaient accorder le droit de bourgeoisie à quiconque sans la permission de l'abbé, lequel avait droit, par lui ou par ses officiers, d'assister aux assemblées de ville où l'on discutait les impositions.

Les magistrats étaient obligés de lui rendre compte du langual, c'est-à-dire du revenu que la ville tirait de ceux qui vendaient du vin en détail. La produit de cet impôt était affecté à l'entretien des pavés, ponts et autres travaux concernant le bien puplic.

L'abbé avait droit de détenir une clef de chaque porte de la ville ; et, s'il y avait lieu à quelque soupçon, il pouvait les prendre toutes sans contredit.

Les bourgeois ne pouvaient, sans la permission de l'abbé, ni faire ascensement de leurs communaux, ni bâtir sur aucun communal, ni fermer leurs héritages.

Il y a aussi à noter les droits de l'abbé sur les boucheries. Celui-ci en instituait le maître, comme du reste il instituait les maîtres de tous arts et métiers qu'on exerce dans la ville.

B

RÉGIME SPIRITUEL

Nous devons dire quel était le régime spirituel dans la terre et quel il était dans la ville chef-lieu.

1° *Dans la terre.* — Pour le spirituel, les divers villages qui composaient la terre relevaient directement de l'archevêque de Besançon, Ordinaire du territoire dont la terre faisait partie.

Toutefois, sur quelques-uns de ces villages, et même sur quelques autres de diocèses étrangers, l'abbé de Luxeuil avait des privilèges. Ainsi il nommait à certains prieurés, savoir à ceux de :

1° Saint-Thiébaud de Jussey, diocèse de Besançon.
2° Saint-Sulpice, proche Villersexel, même diocèse.
3° La Ferté-en-Bassigny, diocèse de Langres.
4° Saint-Thibaud de Clermont, même diocèse.
5° Saint-Valbert de Fouchécourt, diocèse de Besançon.
6° Herly en Picardie, diocèse de Boulogne.
7° Saint-Michel de Monthureux, diocèse de Toul.
8° Annegray, Fontaines, Héricourt, Jussey, Saux, diocèse de Besançon.

Et de plus il présentait aux cures suivantes :

1° Saint-Eusèbe, d'Ailloncourt.
2° Saint-Martin, de Brotte.
3° Notre-Dame, d'Ainvelle.
4° Saint-Remy, d'Anjeux.
5° Bassigney.
6° Saint-Maurice, de Conflans.
7° Saint-Laurent, de Briaucourt.
8° Notre-Dame, de Frotey-les-Vesoul.
9° Neurey-en-Vaux.
10° Saint-Michel, de Vellemenfroid.
11° Saint-Germain, de Melincourt.
12° Saint-Brice, de Saint-Bresson.
13° Saint-Jean-Baptiste, de Saulnot.
14° Saint-Ligier, de Vellefaux.

15º Saint-Pierre, de Villers.
16º Saint-Valbert, de Provenchères.
17º Saint-Sulpice, de Villersexel.
18º Saint-Remy, de Gaudoncourt.
19º Saint-Michel, de Monthureux-sur-Saône.
20º Sainte-Madeleine, de Pomoy.
21º Thons, en Bassigny.
22º Provenchère, en Bassigny-Barrois.
23º Bugneville, en Barrois.
24º Bethoncourt, près Montbéliard.

Enfin l'abbé nommait aux chapelles de :

1º Saint-Blaise, au château de Faucogney, par bulles de six papes ;

2º Saint-Claude, en l'église de Notre-Dame de Luxeuil. La présentation appartient aux fondateurs et l'institution à l'abbé ;

3º Notre-Dame, en l'église de Conflans, par donation ;

4º Saint-Jacques et Saint-Philippe, en l'église de Notre-Dame de Luxeuil ;

5º Saint-Hilaire, proche Melisey.

Quant à la question générale de sa situation religieuse, l'abbaye, avant tout jalouse de son exemption de l'autorité épiscopale, revendiquait en toute occasion le privilège qu'elle disait tenir des bulles de neuf papes, et plus encore prétendait que toutes les églises, chapelles, oratoires du district et faubourgs de Luxeuil ne formant qu'un tout avec l'abbaye devaient jouir de la même indépendance et ne relever que du Saint-Siège.

2º *Dans la ville de Luxeuil.* — Mais c'est surtout sur la ville de Luxeuil que l'abbaye élevait des prétentions qui lui étaient, chaque jour, de plus en plus contestées, soit par le curé de Saint-Sauveur, soit par les chapelains de Saint-Martin. Sur ces deux points citons textuellement dom Guillo .

Sur les rapports de l'abbé avec le curé de Saint-Sauveur, cet auteur écrit :

« L'abbé a droit d'officier pontificalement, tant dans son église que dans ses dépendances. Il donne toutes les bénédictions solennelles. Seul il ordonne les processions, y porte le Saint Sacrement et y a tous les droits de prééminence. Le curé de Saint-Sauveur ne peut faire dans la ville qu'une ou deux processions réglées par arrêt pour des confréries. Il ne peut se dire curé de la ville, mais seulement des habitants, lesquels sont obligés d'aller chez lui pour la célébration du baptême, de la communion pascale et du mariage. Toutefois ils peuvent aussi élire chez lui leur sépulture.

« Dans les jubilés, le sieur curé doit apporter la feuille à l'abbé ou au prieur, prendre de lui le jour pour l'ouverture de l'indulgence ; et l'abbé ou le prieur marquent les stations pour les bourgeois de Luxeuil. C'est dans l'abbaye qu'on entonne le *Te Deum* en actions de grâces, lorsque l'archevêque en ordonne en suite des ordres du roi. Le prieur et les religieux ont partout les prééminences, font les processions des Rogations, bénédictions, levations des corps dans toute la ville, en perçoivent le droit mortuaire et font tous les enterrements, à moins que quelqu'un n'ait choisi sa sépulture à Saint-Sauveur.

« Le sieur curé peut administrer dans la ville les sacrements aux bourgeois, mais à condition qu'il les prendra chez lui et non ailleurs. »

Voici maintenant comment l'abbé réglait ses rapports avec les chapelains de Saint-Martin C'est encore Dom Guillo qui parle:

« Pour là desserte de la ville, l'abbé ou le prieur nomme un religieux pour être recteur de Saint-Martin, amovible à sa volonté de l'avis du conseil, qui fait dans Saint-Martin, et dans la ville, toutes les fonctions pastorales, à l'exception du baptême, de la Pâque et du mariage.

« Il fait tout le reste, célèbre les grand'messes, fait les prônes et catéchismes, annonce les fêtes publiques, monitoires, bénit le pain, donne le viatique et l'extrême-onction, fait les bénédictions des maisons nouvelles, a tous les honorifiques et est à la tête d'une familiarité de prêtres séculiers qui, pour y entrer, doivent être du lieu, est leur chef et fait le service avec eux selon les règlements qu'ils ont entre eux.

« Cette église de Saint-Martin est exempte. Aussi, comme les exemptions entraînent toujours après elles des idées odieuses par rapport à l'Ordinaire, a-t-elle été contestée. Elle le fut dans la dernière visite de Mgr l'archevêque François-Joseph de Grammont. Il prétendait que la visite générale qu'il faisait de son diocèse s'étendait sur les chapelles exemptes, mais les raisons qu'on lui fit sentir et qu'on lui mit en évidence contre son projet firent qu'il s'en désista. L'acte de son désistement est du 9 mars 1716. »

V — Tableau généalogique des CLERMONT-TONNERRE comtois
(1679-1929)

Charles-Henri de CLERMONT-TONNERRE, marquis de Crusy, épouse Élisabeth de Massol (1679)
et ainsi devient marquis de Vauvillers et franc-comtois
1637-1689

Marie-Pierrette-Françoise-Charlotte de C.-T. épouse le marquis de Courtivron.
1682-1756

Charles-Henri-Louis de CLERMONT-TONNERRE, non marié.
1683- †

Gaspard, de C.-T., marquis de Vauvillers, puis duc de C.-T., épouse en 1res noces Antoinette Pothier de Novion, d'où postérité, et en 2es noces Marguerite-Pauline Proudre, veuve du marquis de la Rochefoucaud de Roye (sans enfant).
1688-1781

Charles-Henri Jules, duc de C.-T., pair de France, lieutenant général, commandant en chef du Dauphiné, épouse Marie-Anne-Julie Le Tonnelier de Bréteuil.
1720-1794

Jean-Louis-Aynard de C.-T. abbé de Luxeuil.
1724-1801

Madeleine-Louise-Jeanne de CLERMONT-TONNERRE, épouse en 1743 François-Louis-Ant. de Bourbon-Busset.

Joseph-François, marquis de C.-T., maréchal de camp, épouse en 1res noces N. de Lentilhac, et en 2es noces N. de Guilloteau de Grandeffe.
1727-1809

Charles-Gaspard marquis de C.-T., lieutenant général, épouse Louise-Adélaïde de Durfort de Civrac. Fusillé à Lyon. en 1793.
1747-1793

Anne-Antoine Jules de C.-T. évêque de Châlons-sur-Marne, cardinal-archev. de Toulouse.
1749-1830

Gaspard-Paulin comte de C.-T., puis duc en 1837, épouse Gabrielle-Louise de Boulainvilliers.
† -1842

Anne-Louis François de C.-T., chevalier de Malte.

3 filles mortes jeunes

Premières noces

Stanislas de C.-T., épouse Delphine de Rosières-Sorans.
(sans postérité)
1757-1792

Christine de C.-T., épouse le marquis de Courtivron.

Deuxièmes noces

Gaspard de C.-T., non marié.
1796-1868

Aurore-André de C.-T., épouse Marie Guyot.
1799-1878

2 autres enfants morts sans postérité

Jules-Gaspard-Aynard duc de C.-T. pair de France, épouse en 1res noces N. de Bruc, et en 2es noces Victoire de Sellon, veuve du comte de la Turbie, et sœur de la marquise de Cavour, qu'elle fit son héritière.
† -1837

Marie-Louise-Blanche de C.-T., épouse Raoul Chandon de Briailles, lequel meurt en 1927
(sans postérité)

Élie-Gaspard, marquis de C.-T., chef de bataillon, épouse H. de Braux.
1857-1927

Marie-Louise de C.-T. épouse (1925) le prince de Bourbon-Sicile.

(jusqu'ici (1929) sans postérité)

TABLE DES MATIÈRES

TROISIÈME PARTIE

Les Clermont-Tonnerre à Hamonville

APPENDICE

Besançon. — IMPRIMERIE JACQUES ET DEMONTROND

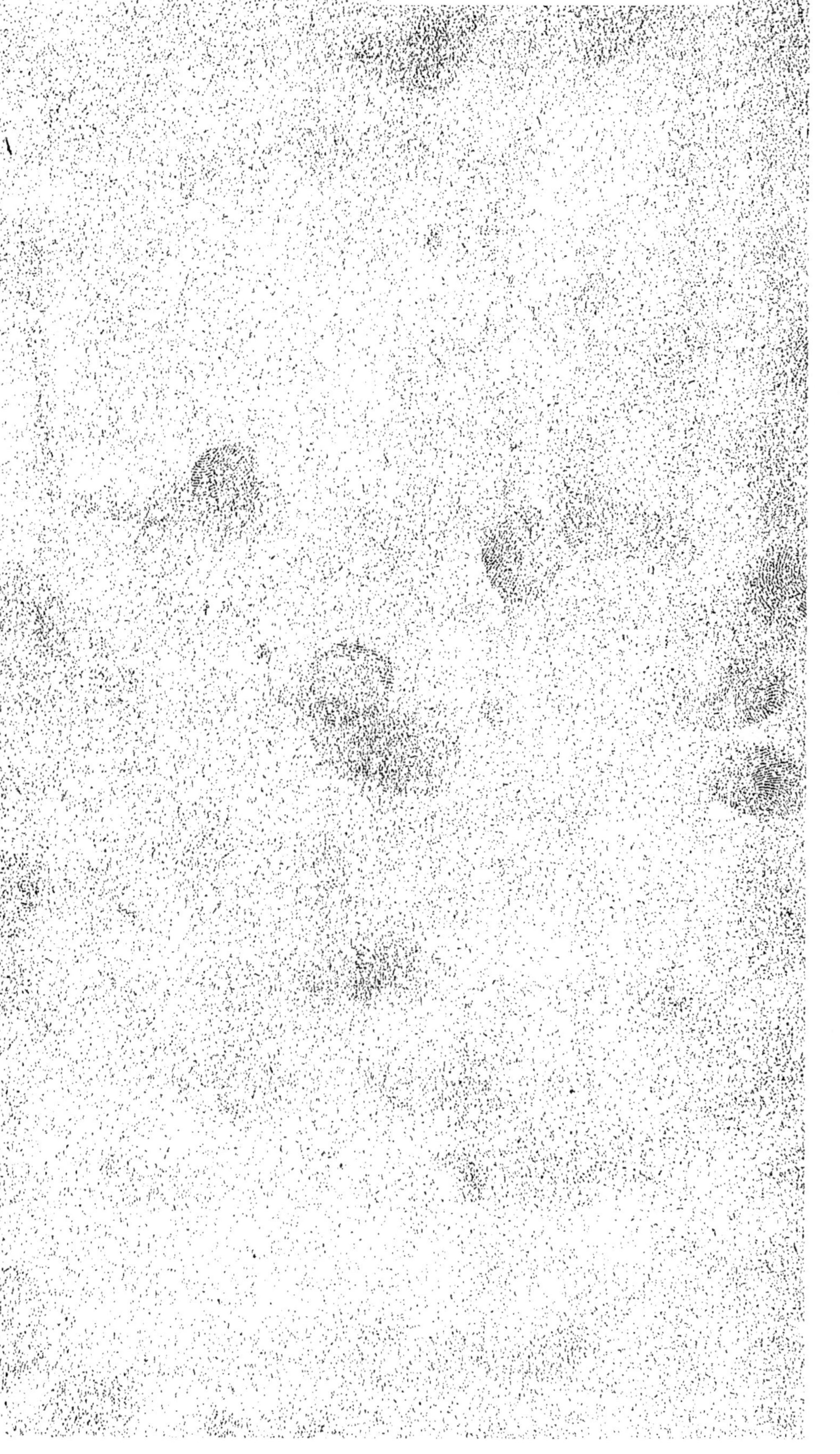